마니에르 드 부아르 특별호 한국어판

주소 서울특별시 마포구 양화로 1길 83 석우빌 1층
홈페이지 www.ilemonde.com | 전화 02-777-2003

Chief editor 이종훈

Art designer 조예리

Communication manager 최승은 박지수

Proofreading 김유라

Translators 고광식 김소연 김은희 김자연 배영란 이연주
서희정 이하임 정기헌 조은섭 조승아 최서연 허보미

Planning director 유철호

Publisher 성일권

Manière de voir vol.특별호 copyright© All rights reserved.

MANIÈRE DE VOIR vol.특별호
페미니즘, 미완의 투쟁

발행일자 2022년 8월 25일
등록번호 마포, 바00189
등록일자 2020년 9월 10일
발행처 (주)르몽드코리아
인쇄처 디프넷
홈페이지 www.ilemonde.com | 이메일 info@ilemonde.com
대표전화 02-777-2003 | 팩스 02-333-6767

MANIÈRE DE VOIR
Édition Française

Édité par la SA Le Monde diplomatique
1, avenue Stephen-Pichon, 75013 Paris
Site Internet: www.monde-diplomatique.fr

Directoire:
Serge HALIMI, président, directeur de la publication
Benoît BRÉVILLE., directeur adjoint
Autres membres:
Vincent CARON, Pierre RIMBERT, Anne-Cécile ROBERT
Conseiller spécial auprès du directeur de la publication:
Bruno LOMBARD
Directrice des relations et des éditions internationales:
Anne-Cécile ROBERT
Secrétaire générale: Anne CALLAIT-CHAVANEL
Directeur de la rédaction: Serge HALIMI
Rédacteur en chef: Benoît BRÉVILLE
Rédacteurs en chef adjoints:
Akram BELKAÏD, Renaud LAMBERT
Cheffe d'édition: Mona CHOLLET
Rédaction: Martine BULARD, Philippe DESCAMPS,
Evelyne PIEILLER, Hélène RICHARD,
Pierre RIMBERT, Anne-Cécile ROBERT
Cartographie: Cécile MARIN
Site Internet: Guillaume BAROU, Thibault HENNETON
Conception artistique:
Maria IERARDI, Boris SÉMÉNIAKO
(avec la collaboration de Delphine LACROIX pour l'iconographie)
Rédacteur documentaliste: Olivier PIRONET
Mise en pages et photogravure:
Jérôme GRILLIÈRE, Patrick PUECH-WILHEM
Correction: Xavier MONTHÉARD, Sarah ZHIRI
Directeur commercial et administratif: Vincent CARON
Adjointe à la direction administrative: Élodie COURATIER
Contrôle de gestion: Zaïa SAHALI
Fondateur: Hubert BEUVE-MÉRY. Anciens directeurs:
François HONTI, Claude JULIEN, Ignacio RAMONET

표지이미지: 전현경

페미니즘, 미완의 투쟁

차례

"여성은 무엇을 원하는가?"

손현주

영문학자. 서울대 영어영문학과에서 학사와 석사학위를, 영국 버밍엄 대학에서 버지니아 울프와 자서전 문학으로 박사학위를 받았고 서울대 인문학연구원 연구교수를 역임했다. 모더니즘 문학과 전기, 자서전, 일기 등 생애 문학이 연구 관심분야이며, 영화를 비롯한 시각매체와 대중문학으로 연구영역을 넓혀가고 있다. 「거울 속의 이방인: 버지니아 울프의 일기에서 만나는 낯선 자아」, 「울프여사는 영화를 발견했다: 1920년대 영화와 버지니아 울프의 영화적 글쓰기」 등의 논문이 있다.

페미니즘의 목표는 무엇인가? 가장 절박한 이슈는 양성 평등일 것이다. 남성중심 사회체제의 해묵은 질곡에서 여성을 자유롭게 하는 것이다. 지난 100여년의 역사를 통해 서구를 비롯해 많은 지역에서 여성은 최소한 법적으로 평등권을 인정받았고 정치 경계 학계 등 다양한 분야에 진출이 활발해졌다. 그러나 아직도 갈 길은 멀다.

페미니즘이 지향하는 끝은 어디일까? 시몬 드 보부아르를 비롯한 초기 페미니스트들은 남성과 동등해지기 위해 결혼과 출산 등 전통적인 여성의 역할을 거부하거나 기피했지만 이제, 여성들은 자신의 여성성을 발현하길 원한다. 말하자면 남성과 동등하게 인정받으며 일도 하면서도 여성의 특권인 출산을 통해 아이를 갖거나 가정을 이루는 등 여성으로서의 욕망도 충족하길 원한다. 대처 총리나 힐러리 클린턴 등의 여성 정치가들은 개인적으로는 남성들이 독점하던 영역에서 성공했지만, 그네들은 남성 중심적으로 짜여진 구조 속에서 남성처럼 생각하고 행동한 것이지, 여성 특유의 자질을 발휘하거나 사회와 문화의 여성적인 면들을 부각시키진 못했다는 각성과 반성도 이어졌다. 남성 같은 여성이 되어야 성공하는 것은 인종문제에 있어 백인의 옷을 입고 백인처럼 행동해야 그나마 성공의 길을 내딛을 수 있는 소수 흑인들의 삶과 연상케 한다는 지적이다. 흑인들의 성공신화가 사회전반의 편견을 없애지 못했고, 인종간 평등구조를 만들지도 못했으며, 백인중심의 사회구조 자체를 변화시키지도 못한 것처럼….

여성성의 발현과 여성적 욕망의 충족이라는 이슈는 여성에 대한 억압을 정당화하는 양날의 칼이 될 수도 있다. 예를 들어 여성성을 강조할 경우에는 전통적인 사회질서에서 강요되는 여성의 자리는 어머니이고 아내이며, 여성은 자신을 희생하여 주변사람들을 돌보는 것이 본성

〈앨리스의 장미〉 - 2022

이라는 등의 주장으로 모든 여성을 그와 같은 프레임에 가둘 수 있다. 과연 여성성과 여성의 욕망, 그것은 무엇일까? 그 실체를 알아야 논의를 진전 시킬 수 있지 않겠는가?

"여성은 무엇을 원하는가?"라는 물음에 대해 저명한 심리학자였던 프로이트는 30년을 연구해도 해답을 찾지 못했다고 한탄했다. 실패의 이유는 아마도 여성의 욕망을 남성의 시각에서 읽어내려 했기 때문일 것이다. 페미니스트 문학비평가인 쇼샤나 펠먼은 "여성은 무엇을 원하는가?"라는 질문은 어쩌면 답이 없는 질문일지도 모르겠다고 말한다. 왜냐하면 우리는 아직 '여자'

〈버지니아 울프는 여성해방을 넘어서 전인적인 해방을 추구했다〉

또는 '여성'이 누구인지 무엇인지 정확히 모르기 때문이다. 하여 펠먼은 "여성은 무엇을 원하는가?"라는 물음에 대한 답을 찾기 위해서는 먼저 프로이트가 당연하게 여겼던 남성적인 시각에서 벗어나야 한다고 주장한다. 문제는 남성적인 시각에서 벗어나 우리가 차용할 수 있는 대안적 관점이 마련되어 있지 않다는 데 있다. 우리는 종종 가부장적인 관점, 남성 중심적인 관점을 비판하고 여성적 관점에서 사태를 뒤집어 볼 것을 요청한다. 하지만 그 여성적 시각이라는 것이 저 바깥 어딘가에 있다고 막연히 생각하지만 우리가 교육받고 자라온 역사적 문화적 환경은 가부장적 전통에서 이어져 온 것으로, 우리의 비판적 시각 또한 이같은 뿌리에서 나온 것이어서, 지금 가진 것 외에 미리 준비되어 있는 여성적 시각이란 존재하기 않기 때문이다. 기존의 관점에서 벗어나기 위해서는 단순히 기존의 시각을 버리고 대신 다른 것(여성적인 것)으로 대체할 수 있는 것이 아니라, 기존의 것을 비판적 시각으로 점검하고 겉으로 드러나지 않는 행간을 읽어내는 훈련을 통해 새로운 관점을 부단히 만들어 가야한다. 펠먼이 제기한 이같은 문제의식과 해결방식을 부단히 실천해 온 예를 우리는 영국작가 버지니아 울프에게서 찾을 수 있다.

울프는 사실상 현대 페미니즘 이론의 기초를 마련한 '페미니즘의 대모'로 일컬어진다. (아이러니하게도 울프 자신은 '페미니스트'라는 단어를 싫어했다.) 빅토리아 조 말기에 보수적인 가정에서 태어나 20세기 초 급진적인 문화운동을 주도했던 블룸즈베리 그룹의 핵심멤버로 비관습적인 삶을 영위했으며, 양차 세계대전을 겪었던 그녀는 영국 여성운동의 태동에서 결실까지를 두 눈으로 목격했던 세대에 속한다.

페미니즘 이론의 고전으로 불리는 소설 『자기만의 방』에서 울프는 역사적으로 남성이 누려온 교육과 권력과 경제적 특권에서 여성이 어떻게 소외되어 왔는지를 세심하게 밝혔다. 교육받지 못하고 경제력도 갖지 못했던 여성에게 허용된 것은 오직 가사와 육아였다. 빅토리아 조 가부장제 사회는 "집안의 천사"라는 미명하에 여성들이 몸과 마음을 모두 바쳐 남성중심 권력구조에 봉사하도록 강요했다. 그 결과 여성은 가난하고 무지했으며, 경제권력을 가진 남성의 예속에서 벗어날 수 없었다. 도대체가 "13명의 아이를 낳고 기르며 돈도 번다는 것은 인간이 할 수 있는 일이 아니다"라고 울프는 외친다. 겉으로는 여성을 위하는 척 숭배하는 척하며 예술작품에서는 여성을 지혜롭고 아름다우며 예술적 영감을 불러일으키는 여신과 같이 고귀하고 아름답게 그렸던 반면, 현실에서 여성은 무시당하고, 예속된 삶을 살아야 했다. 이같은 모순은 여성을 마치 "독수리 날개를 단 미천한 벌레(a worm winged like an eagle)"같은 존재로 만들었다고 비판했다.

울프는 놀라운 혜안으로 남성이 여성을 억압해온 데는 깊은 심리적 요인이 내재해 있다는 것을 꿰뚫어 보았다. 즉, "여성은 지난 수 세기 동안 남성을 실제 크기보다 두 배로 확대해 보여주는 달콤한 마법을 가진 거울역할을 해왔다"는 것이다. 제아무리 못난 남자도 세상의 절반을 차지하는 여자들보다 잘났다는 믿음은 그들로 하여금 탐험에 나서고 식민지를 개척하고 제국의 영광을 위해 싸울 수 있게 하는 자신감의 원천이었다. 여성이 이러한 역할을 해주지 않았다면 제국도 왕과 제왕도 존재하지 못했을 것이고 그렇기 때문에 남성들은 여성이 깨어나는 것을 극도로 두려워한다는 것이다.

소설가로 널리 알려져 있지만 사실 버지니아 울프는 평생 신문과 잡지 등에 에세이를 기고하던 열정적인 비평가였다. 저명한 문필가였던 아버지 레슬리 스티븐은 막내딸 버지니아를 역사가로 교육시켰고, 울프는 역사가의 안목과 작가의 상상력을 동원해 잊혀진 여성들의 지난한 삶을 재현해 내는 작업에 몰두했다. 왕도 정치가도 장군도 아니었고 아이들을 키우며 가정에서 대부분의 삶을 살았던 여성들의 삶에 대해 쓰려면 '사실' 보다 '상상력'에 의존해야 할 때가 더 많지만, 그럼에도 불구하고 사적인 편지와 일기 등을 근거로 복원해 낸 삶의 단편은 예리하기 그지없다. 그리고 울프는 누구보다도 여성들의 억눌린 삶에 대해 분노하고 여성의 평등과 자유를 위해 싸웠다. 그녀는 피켓을 들고 거리를 행진하는 대신 글로 투쟁했다. 메리 울스턴크래프트, 페니 버니 등 초창기 페미니스트 작가들 뿐만 아니라 그 너머 셰익스피어 시대의 여성의 삶까지 현대로 불러내려 노력했다.

『자기만의 방』에 들어있는 가장 유명한 에피소드는 아마도 셰익스피어의 상상의 여동생 쥬디스 셰익스피어의 비극적 삶의 이야기일 것이다. '엘리자베스 시대에 만약 셰익스피어만큼이나 문학적 재능이 뛰어난 여성이 태어났다면 과연 그녀는 어떤 삶을 살았을까?'라는 상상의 끈을 좇아, 울프는 당시의 역사적 사회적 상황에서 실제 여성이 살았을 법한 상황을 재현해 낸다. 오빠인 윌리엄이 근처의 문법학교에서 그리스어와 라틴어를 배우는 동안, 쥬디스는 토끼와 닭을 돌보고, 집안일을 도와야 했고, 오빠의 책을 빌려 남몰래 공부하고 작가가 되기를 꿈꾸던 어느 날 이웃집 양모업자의 장남과 혼약이 정해져 버린다. 어느 여름날 새벽 몰래 집을 떠나 런던으로 가 극단을 기웃거려 보지만, 여자를 써주는 데는 아무데도 없었다. 드라마를 쓰고 배우가 되고 싶다는 쥬디스를 가엾이 여긴 친절한 극단주의 배려로 허드렛일을 하게 되지만 결국은 어느 추운 겨울날 임신한 몸으로 마차에 몸을 던져 죽고 만다는 비극적 이야기이다. 울프는 만일 셰익스피어와 같은 재능을 가진 정신이 엘리자베스 시대에 여성의 몸에 깃들었다면, 그녀는 미치광이가 되거나 자살할 수밖에 없었을 것이라 말한다. 쥬디스 셰익스피어의 이야기는 백 마디의 이론적 논설보다 더 절실하게 여성이 처했던 어려움을 전달해 준다.

시대가 바뀌어 여성이 대학에 갈 수 있고, 재산권과 참정권을 얻었지만, "여성이 작가가 되려면 무엇이 필요한가?"라는 질문에 울프는 단도직입적으로 "자기만의 방"과 "일 년에 500파운드의 수입"이 있어야 한다는 아주 현실적인 주장을 펼친다. 자기만의 독립된 공간과 일정한 수입은 사회적으로 뿐만 아니라 정신적으로 독립할 수 있는 가장 기본적인 조건이라 역설한다. 이러한 조건이 충족되지 않으면 여성들은(사실 여성뿐 아니라 모든 사람들이) 가슴 속에 상대방에 대한 부정적인 감정과 분노가 가득 차서 수준 높은 창작을 할 수 있는 상태에 이를 수 없기 때문이라는 것이다. 울프는 여성의 사회적 해방을 넘어서 정신적, 감성적인 나아가 전인적인 해방을 추구했다. 기실 울프는 해방의 대상을 여성에 한정하지 않았다. 당장은 여성이 그 대상이지만 그는 여성 속에 여성성과 남성성이 함께 깃들어 있고, 남성 안에도 남성성과 여성성이 함께 있다고 보았다. 하여 궁극적으로 이 두 면모가 조화로운 인간, 나아가 그러한 다양한 사람들이 모여 함께 조화를 이루며 창조적인 삶을 영위할 수 있는 사회를 꿈꾸었던 것이다.

페미니즘의 목표가 남성을 적대시 하고 양성의 대결구조를 견지하는 것은 아닐 것이다. 페미니즘의 궁극적 목표는 페미니즘의 소멸이라고 할 수 있지 않을까? 더 이상 여성이 차별받지 않고, 남성에 비해 부족한 존재, 열등한 존재로 여겨지지 않기 때문에 더 이상 페미니즘을 이야기할 필요가 없어지는 상태에 도달하는 것. 그리하여 남녀 양성이 서로를 보완하며 조화를 이루는 상태가 아닐까? 울프는 이 같은 조화와 협력 사랑의 결합을 상징으로 두 남녀가 택시를 타고 함께 떠나는 모습으로 『자기만의 방』을 마무리한다. 그 길은 멀리 있지만 세계 여성의 날을 맞아 〈르몽드 디플로마티크〉가 마련한 『페미니즘, 미완의 투쟁』이라는 '택시'에 독자 여러분과 함께 올라, 지적 자극과 긴장감의 즐거움을 찾아보길 기대해본다.

글 · 손현주

페미니즘 혁명은 현재진행형

성일권

〈르몽드 디플로마티크〉 한국어판 발행인 겸 편집인.
파리8대학에서 정치사상 연구로 박사학위를 받았고, 자본주의의 변화와 지식인 문제에 관심이 많다.
주요 저서로 『비판 인문학 120년사』, 『소사이어티 없는 카페』, 『오리엔탈리즘의 새로운 신화들』등이 있다.

우리는 지금 반동의 시대를 살고 있는가? 혁명사에서 흔히 봐온 혁명 이후의 피비린내 나는 반동을 말하는 게 아니다. 페미니즘의 현주소가 그렇다는 것이다. 2016년 강남역 살인사건, 2018년 성폭력을 공론화한 '미투' 운동, 2020년 실태가 드러난 성착취 'n번방' 사건을 계기로 거세진 여성들의 페미니즘 흐름이 지난 대선 국면에서부터 반격을 당하고 있다. 정치권은 성별을 갈라치며 구조적 성차별의 존재를 부인했고, 윤석열 정부는 대선공약에 따라 여성가족부를 폐지하고 성폭력처벌법에 무고죄를 신설하겠다는 방침이다. 한 세기 넘게 지속되어온 페미니즘 혁명의 지난한 여정은 여기에서 막을 내리는 것일까?

문학비평용어 사전에 따르면 페미니즘은 '여성의 특질을 갖추고 있는 것'이라는 뜻을 지닌 라틴어 '페미나(femina)'에서 파생한 말로서, 성 차별적이고 남성 중심적인 시각 때문에 여성이 억압받는 현실에 저항하는 여성해방 이데올로기를 말한다. 여성을 여성 자체가 아니라 남성이 아닌 성 혹은 결함 있는 인간으로 간주함으로써 야기되는 여성 문제에 주목하면서 올바른 전망을 제시하려는 일련의 움직임을 포함한다. 때문에 페미니즘에서 문제 삼는 것은 생물학적인 성인 섹스가 아니라 사회적인 성인 젠더이다. 이런 페미니즘적 인식에서 가장 논쟁적인 문제는 '평등'과 '차이'의 대립이다. 여성과 남성의 동등함을 위해 투쟁해야 한다는 의견과, 여성과 남성의 다름을 인정해야 한다는 의견이 서로 맞서왔다. 이런 입장의 차이는 다양한 관점에서 제기돼 왔다. 만일 남녀의 평등을 주장한다면, 어떤 문제에 관해서 평등해야 하는 것이고, 그것은 기회의 평등인지, 결과의 평등인지, 이와 반대로 남녀의 차이를 인정한다면, 그것은 자연적 · 생물학적 차이인지, 사회 · 경제적인 차이인지….

〈다크 퀸〉, 2015

페미니스트들은 처음부터 인권의 기만적이며 추상적인 관념을 비난했다. 프랑스 대혁명, 미국혁명 등 굵직한 인류 혁명사의 결과물인 '인권과 시민권'이 인류의 절반을 배제하고서도 과연 그 정당성을 인정받을 수 있는지 의문을 제기해왔다.

역사적으로 페미니즘의 '제1의 물결'은 메리 울스턴크래프트(본서 2부, 마리옹 르클레르의 글)의 영향을 받아 1890~1920년대에 미국과 영국에서 일어난 참정권 운동을 말한다. 특히 1903년 영국의 여성 투사들은 여권 신장을 명분으로 자신의 힘으로 싸워서 투표권 쟁취의 첫 승리를 기록했다. 이어 여성들의 선거권과 교육권, 출산권, 노동권, 그리고 남성과의 '평등'을 주로 주장했다.

'제2의 물결'은 1960년대 후반의 학생운동, 반전운동, 흑인 운동 같은 반체제 운동과 맥을 같이 하면서 일어났다. 특히 『제2의 성』(1949)에서 "여성은 여성으로 태어나는 것이 아니라 여성으로 만들어진다"라고 말한 시몬 드 보부아르(본서 2부, 실비 티소의 글)의 영향이 컸다. 그들은 여성의 평등권에서 더 나아가 보다 적극적으로 여성의 '해방'을 주장했다. 여성들은 정당과 노조가 여성들의 권리 따위에 그다지 신경을 쓰지 않는다는 점을 지적하며, 단지 법 앞에서의 평등만이 아니라 사회적 정의를 획득하고자 자체 조직을 강화했다.

책을 내며

1980년대 이후 포스트모더니즘의 영향으로 새롭게 부상한 페미니즘은 다양한 여성들 사이에 존재하는 '차이'에 주목했다. 인종·계급·민족에 따라 거의 같지만 똑같지는 않은 여성문제에 대해 서로 다른 진단과 처방이 요구된다고 보았다. 예를 들면, 영국과 미국의 페미니즘은 19세기 여권운동의 전통 아래 사회적·경제적인 여성의 억압을 주로 평등주의적 시각에서 다루는 반면에 프랑스의 페미니즘은 부브아르의 '제2의 성'을 비롯해, 데리다의 해체론과 프로이트나 라캉의 정신분석학의 영향 아래 철학적이고 심리학적인 경향을 주로 보여준다. 물론 지역 간 페미니즘의 상대적인 차이점에도 불구하고, 모두가 여성에 대한 차별과 억압에 저항하고 여성의 권리와 평등을 추구한다는 점에는 차이가 없다. 페미니즘 운동이 수많은 하위 미세 분파로 확대 발전하면서 인간존엄성의 천부인권적 가치가 서서히 자리 잡아온 것은 역사적 성과다.

하지만 세상이 하수상(何愁傷)하다. 더 넓고 더 깊은 민주주의를 향해 역사의 수레바퀴를 힘겹게 밀고 당긴 페미니즘 운동이 한낱 보수와 진보 간의 헤게모니 싸움, 정권교체나 정권 유지용으로 공격당하는 현실은 불편하기 짝이 없다.

이 책은 여성들이 자신의 존엄성을 찾기 위해 한 세기 넘도록 힘겹게 투쟁해온 지난한 여정을 담고 있다. 〈르몽드 디플로마티크〉 한국어판이 자매지로 발행하는 계간무크지 〈마니에르 드 부아르〉(Manière de voir)가 2022년 특별호 『페미니즘, 미완의 투쟁』을 펴내는 이유는 간명하다. '페미니즘 혁명은 여전히 진행중'이라는 사실이다. 이 특별호는 프랑스판 〈마니에르 드 부아르〉 150호 '여성들, 가장 긴 전쟁'(Femmes: la guerre la plus longue)을 기본 텍스트로 삼고 있다(2018년 발행된 뒤 절판된 『페미니즘과 섹시즘』을 수정 보완했다).

외국 필진 20명과 국내 필진의 글, 총 24편을 게재한 이 특별호는 여성들의 문제의식과 투쟁, 성취를 담고 있지만, 결코 여성만을 위한 기록이 아니라, 인간 존엄성을 믿는 모든 이들에게 유익한 텍스트라 여겨진다.

1부 '존재로서의 여성'에서는 시대에 따른 여성들의 역할과 성차별, 그리고 페미니즘의 새로운 변이에 대해서 살펴본다. 2부 '미완의 투쟁'에서는 역사적인 관점에서 여성의 투쟁사를 다룬다. 이와 관련, 프랑스 혁명시기의 올랭프 드 구주, 영국 산업혁명 시기의 메리 울스턴크래프트, 68혁명 당시의 시몬 드 보부아르 등 여성 선각자들의 사상과 철학이 소개된다.

3부에서는 인류 역사 이래 '성의 대상'이었던 여성들이 '성의 주체'로 전환되는 과정을 살펴보고, 4부에서는 인간 존엄성과 평등을 향한 여성들의 투쟁과 성취를 다룬다.

이 특별호가 페미니즘을 심대하게 공부하려는 독자들에겐 충분하진 않겠지만 우리 사회의 보수적 기류에 스며드는 반동의 본질을 인식하고 페미니즘의 본연의 의미를 쉽게 파악하는 데는 적지 않게 기여하리라고 본다.

그 누구의 말처럼, '혁명은 아다지오(아주 느리고 침착하게)로 시작해 안단테, 비보를 거쳐 비바체(빠르게 경쾌하게)로 완성된다고 한다. 혁명사에서 반동이 늘 더 큰 혁명을 불렀듯이, 더 넓게 메아리 칠 비바체의 앙상블을 기대해본다.

글 · 성일권

1부 존재로서의 여성

시대에 따른 여성들의 역할과 성차별, 그리고
페미니즘의 새로운 변이는 무엇인가?

〈드레스〉, 2020

섹슈얼리티 vs. 섹시즘

미셸 보종 Michel Bozon

국립인구연구소(INED) 선임연구원. 사회학자 겸 여성학자로,
주요 저서로『사랑 행위, 즐거움과 우려감(Pratique de l'amour. Le plaisir et l'inquiétude)』(2016),
『나이와 섹슈얼리티(Age et sexualité)』(2015),『섹슈얼리티의 사회학(Sociologie de la sexualité)』(2009) 등이 있다.

2017년 가을 할리우드 유명 제작자 하비 와인스타인의 성 추문 보도, 그리고 소셜네트워크(SNS) 등을 통한 와인스타인의 성희롱, 그리고 성폭력 사례를 폭로한 피해 여성들의 증언은 성차별을 구조적 문제로 해석하는 계기가 됐다. 이런 해석에는 양성 간에 수직관계가 존재한다는 개념이 내포돼 있다.

즉, 양성 간에 어느 한쪽이 상대를 지배하며 자신의 이익을 우선시하거나 혹은 자신의 이익만을 독점적으로 도모한다는 것이다. 성차별은 일부 남성의 고정관념이나 이상 징후가 아니다. 지성으로 타파하거나 치료할 수 있는 대상이 아니다. 다시 말하지만 성차별은 구조적 문제다. 따라서 다양한 영역에서의 여성 불평등은 성차별을 더욱 강화하는 역할을 한다. 이 불평등들이 서로 이어져 무시무시한 하나의 성차별 체계를 구축하고 이를 무너뜨리기 어렵게 만든다. 가령 임금 차별, 여성의 높은 가사노동 부담, 직업적 불안정성, 정치 · 문화 · 스포츠계에서 차지하는 여성의 낮은 비중, 성차별적 언행과 성적 괴롭힘 등 온갖 불평등한 문제들이 서로 긴밀히 연결된 셈이다.

요컨대 성차별은 복합적으로 작용한다. 다양한 진원지를 중심으로 구축되기 때문에, 설령 한 영역(가령 교육 분야)에서 불평등이 약화되더라도, 성차별은 손쉽게 새로운 형태로 재구축된다. 게다가 불평등은 끊임없이 스스로 합리화하는 방식이나 이유를 바꿔가며 양성평등의 사상과 규범이 발전하는 데 줄기차게 방해하곤 한다. 따라서 성차별과의 투쟁 역시 그와 같이 '유연해질' 필요가 있다. 2017년 가을 대중의 공분을 자아낸 성차별 행태는 모두 성(섹슈얼리티)과 관련돼 있다. 그렇다면 성이 성차별을 낳는 데 특별한 역할을 한 것인가? 성과 관련한

〈키스〉, 2015

영역에서 남녀 관계가 급격히 악화된 것이 문제일까?

이제 고인이 된 프랑수아즈 에리티에(1)의 연구를 보면, 이 질문에 그렇다고 답할 수 있을지 모른다. 이 인류학자는 남녀의 신체적 차이와 생식을 관찰한 결과를 놓고 볼 때 남녀의 태생적 차이에 젠더 간 불평등이 뿌리내리고 있다고 보지 않았던가. 이런 사상은 남성적인 것이나 남성을 상징하는 것들이 여성적인 것보다 훨씬 우월하다고 보는 어떤 불평등한 관념을 만들어냈다. 덕분에 직접 출산이 가능하지 않은 남성은, 여성의 후손에 대해 권리를 부여받거나 혹은 사취한 것이다.

성을 능동/수동적 특성으로 이분화하려는 경향은 "양성의 차별적 유의성(Valency · 개체의 요구에 응해 그 요구목표가 되는 사물에 끌려가거나 반발하는 성질을 의미-역주)"에서 기인한다. 이는 프랑수아즈 에리티에가 말한 이른바 "남성적 충동의 적법성(그 어떤 논쟁이나 반박이 불가능한)"을 이루는 모태가 된다고도 볼 수 있다. 말하자면 성적영역에서는, 남녀의 신체적 차이나 남성성/여성성이라는 이분법적 개념을 토대로, 세월이 흘러도 변치 않는 뿌리 깊은 불평등이 존재한다고 볼 수 있다. 그러니 이런 '차이의 사상'과 그 영향들에 맞서 싸우는 일은 매우 힘든 일일 것이다.

성(性), 특히 여성을 둘러싼 지난 50년의 변화

그러나 현실의 성이 우리의 인식체계 속의 성만큼 결코 요지부동인 것은 아니다. 지난 50년간 젠더와 섹슈얼리티 영역에서 깊고 큰 변화가 일었다. 덕분에 현대인의 성적 태도와 폭력에 대해 좀 더 현실적인 해석이 가능해졌고, 이를 토대로 프랑수아즈 에리티에의 인류학적 성찰을 보완할 길이 열렸다. 한 가지 분명한 사실은 여성에게 좀 더 많은 가능성이 열린 만큼, 남성에게도 평등에 저항하는 다양한 방식이 주어졌다는 점이다. 성차별에 대한 비판은 특히 섹슈얼리티 측면에서 양성이 좀 더 평등해진 현실에 기반을 둔다. 1960년대 이후 성적 태도가 어떻게 변화했는지 중요한 몇몇 단계들을 짚어보자. 여성의 교육수준 향상, 노동시장 참여

확대, 가정의 변화, 양성평등법 제정 등이 주요 변화들로 꼽힌다. 주로 여성에게 큰 영향을 미친 사회적 변화 속에서, 성적 태도도 변화했다는 점을 지적할 수 있다. 이런 변화들은 여성에게 운신의 자유를 선사했다. 주된 권력 관계까지 뒤흔들 정도는 아니었지만 말이다.

피임기술이 발전하고 대중화되면서(프랑스에서는 1970년대 이후), 생식을 위한 성행위와 그렇지 않은 성행위가 분리됐다. 여성의 생애에서 임신이 차지하는 시간도 단축됐다. 1980년대 이후 청년기가 길어진 것 역시 여성의 위상을 바꿔놓았다. 중등교육이 일반화되고 고등교육을 받는 사람이 증가하면서, 어느덧 청년기는 인생 항로에서 일종의 교육 시기이자, 결혼을 전제하지 않고도 성을 즐길 수 있는 시기가 됐다. 1960년대 이후 여성이 첫 성관계를 가지는 평균연령이 낮아지고(프랑스의 경우 17.5세),(2) 평균 혼인연령은 높아진 것이 그 이유였다. 가령 1972년 프랑스의 혼인은 41만 6,000건에서 2016년 23만 5,000건(그중 7,000건은 동성 간의 결혼)으로 줄었고, 여성의 평균 혼인연령은 35세로 높아졌다.(3)

1950~1960년대 초와 비교한다면 큰 변화였다. 그때까지 여성은 무조건, 특히 결혼 전에는 조신하게 살아야 하는 반면, 남성은 젊음과 쾌락을 만끽하며 지냈다. 한편 장년층의 성생활 시기도 연장됐다. 1970년에는 성생활을 즐기는 50세 이상 기혼여성이 50%에 그쳤지만, 2000년대에는 90%로 증가했다.(4) 폐경은 더 이상 성생활의 끝을 의미할 수 없게 됐다. 더욱이 1980년대 이후 결혼제도가 약화되면서, 결혼과는 무관하게 성을 즐기는 생활방식이 자리 잡았다. 특히 여성의 변화가 두드러졌다. 가령 일생 동안 1명보다 많은 파트너를 경험하는 여성은 1970년대에는 1/3에 불과했지만, 2006년에는 2/3로 늘어났다. 더욱이 동성 파트너와 관계를 맺는 여성도 증가했다. 오늘날 현대인은 연인이나 배우자와 헤어지는 경우가 흔한 만큼, 여성도 혼인 여부나 자녀 유무와는 무관하게 새로운 파트너를 만나는 일이 남성만큼 흔해졌다. 한편 2000년대 새로운 통신기술의 등장은 가까운 사람들의 눈을 피해 새로운 연인이나 섹스 파트너와 다양한 만남을 가질 수 있는 환경을 조성했다. 젊은 여성의 경우, 이제 거의 남성과 대등한 수준이다.(5) 그들의 성생활은 가임기 기혼 커플이라는 틀에 갇혀 있지 않다.

또한 성관계에서도 불평등한 관행이 사라지고, 좀 더 평등한 성관계 관습이 나타나고 있

존재로서의 여성

다.(6) 1970년대만 해도 남성이 성관계를 주도한다고 답변한 남녀는 전체인구의 2/3에 달했다. 즉 폭력적이든 아니든, 남성의 결정으로 성관계가 이뤄졌던 셈이다. 그러나 2000년대 중반 이후, 서로가 원해서 마지막 관계를 맺었다고 응답하는 경우가 남녀 모두 4/5에 달했다. 더 이상 여성의 수동성이 표준적인 모델이 아니라는 말이다. 이제는 상호 간에 합의된 욕망을 전제로 한 관계만이 일반적이고 바람직한 성으로 인식된다. 이런 모델에 부합하지 않는 관계는 불만족스럽거나 혹은 폭력적인 섹스로 간주된다.

〈연인들〉, 2006 – 빅토르 스티벨베르크

　섹스의 형태도 한결 폭넓어지고, 파트너 간 상호성이 중요한 가치로 부각됐다. 지난 40년간 프랑스에서 실시한 대대적인 연구 조사에 따르면, 애무나 상호 성기자극(마스터베이션), 혹은 구강성교(오럴섹스)의 비율이 매우 높아졌다. 2000년대 통계를 보면, 25~49세 여성의 65%가 간혹 혹은 종종 펠라티오(남성의 성기를 애무하는 구강성교-역주)를 즐기는 것으로 조사됐다. 커닐링구스(여성의 성기를 애무하는 구강성교-역주)를 즐기는 남성도 70%에 달했다. 더욱이 한 번 관계에서 파트너끼리 서로 펠라티오와 커닐링구스를 나누는 경우도 흔해졌다. 한편 삽입 없는 섹스가 그 자체로 온전한 쾌락의 원천으로 성생활의 일부가 되기도 했다.(7) 과거에는 상상조차 할 수 없었지만, 혼자 자위를 즐기는 여성 역시 상당수 증가했다. 마찬가지로 대부분의 여성(73%)이 포르노 영화를 시청한 적이 있는 것으로 조사됐다. 비록

주기적으로 시청하는 여성은 단 20%에 그쳤지만 말이다.(8) 1970년대~2000년대, 대체로 성생활에 만족한다고 답변하거나, 마지막 관계에서 오르가즘을 느꼈다고 응답(2000년대, 81%)한 여성이 현저히 증가한 현실은 여성이 상호적 관계 속에 더욱 적극적으로 성을 즐기는 현상과 관련이 깊다. 최근 수십 년 동안 남녀 간에 삶의 패턴이나 성적 관습이 서로 비슷해지고, 성을 대하는 태도 역시 훨씬 개방적으로 변했다.

성폭력 ·성차별의 근본적인 목적은 '권력 유지'

그러나 그렇다고 갑자기 남녀의 성적 태도를 평가하거나 측정하는 기준까지 동등해진 것은 아니다. 2000년대 설문조사를 보면, 응답자들은 남녀 간에 성적 동기를 이분법적으로 이해하는 것으로 나타났다. 가령 "남성이 태생적으로 성적 욕구를 더 많이 타고났다"고 응답한 사람이 남녀 공히 2/3에 달했고, "사랑 없이도 성관계를 가질 수 있다"라는 문항에 '아니오'라고 답한 사람은 여성은 54%였지만(물론 전적으로 믿을 수는 없지만), 남성은 30%에 그쳤다.

현실의 변화와 달리, 여전히 상호적인 성적 관계에서 수직적 가치관이 널리 남아 있는 셈이다. 가령 여성이 여성성을 과시하는 것은 괜찮지만, 성적 욕구를 공공연히 표현하는 것은 금기 사항인 것이다. 일부 심리학자들마저 동의하는 가장 지배적인 생각은, 여성은 남성이 요구할 때에야 비로소 자극을 받아 수동적 혹은 부차적으로 성적 욕구를 표출한다는 편견이다. 반면 남성은 절대적인 충동에 종속돼 있다고 본다. 섹슈얼리티에 대한 이런 수직적 인식에 따르면, 여성의 욕망은 남성이 일깨워주지 않는 한 대부분 조용히 잠들어 있다고 간주된다. 섹슈얼리티에 대한 수직적 가치관은 바로 이런 사실을 모토로 삼는다. 사랑에 기반하지 않은 욕망, 또는 동성애에 대한 욕망을 표출하는 여자는 방탕하다고 평가받거나 가차 없이 비판받는다. 모든 계층의 여성은 이런 식으로 자신의 평판이 훼손되는 것을 매우 두려워한다.

문제의 성차별 행위들에 사람들은 흔히 '발정 난 돼지' 등의 표현을 갖다 붙인다. 그러나 그것은 본질을 호도한다. 성폭력, 성희롱, 성과 관련된 욕설은 결코 참기 힘든 남성의 성적 충

존재로서의 여성

동에서 기인하는 것이 아니다. 그것은 "여성을 본연의 자리로 되돌려" 놓으려는, 여성에게 질서를 환기하고, 남성의 위상을 지켜내려는 일종의 전략 내지는 어법이다. 여성은 이제 단순히 수많은 새로운 공간(직장, 정치계, 공적 공간, 새로운 형태의 소통 수단, 심지어 가족 등)에 등장만 한 것이 아니라, 그곳에서 높은 영향력을 행사하기까지 한다. 이러한 언어적 폭력과 괴롭힘(온라인상의 괴롭힘을 포함)은 전통적인 권력 행사인 동시에, 현대사회에서 일상적으로 남녀가 접촉하는 환경에 매우 적합하게 개발된 일종의 현실적인 성차별 전술이기도 하다. 문제의 폭력 행위는 점차 확대되는 양성평등에 대한 반응, 한마디로 반동(反動)인 것이다. 이는 수직적 관계와 지위를 재확인하는 역할을 한다.

프랑스국립인구연구소(INED)의 '폭력과 젠더 관계'조사(9) 결과가 담긴 한 연구 논문에서, 아망딘 르뷔글 연구원과 그의 동료들은 공적 공간에서 일어나는 폭력의 행태를 모두 다섯 가지 유형으로 구분했다. 욕설, 추근대기, 물리적 폭력, 성적 괴롭힘과 추행, 성폭행이 바로 그것이다. 특히 추근대기, 괴롭힘, 폭력 등 성적인 성격이 함의된 폭력으로 가장 큰 피해를 보고 있는 희생자는 도시에 사는 젊은 여성이었다. 그러나 사실 이런 행위는 '성적 욕구를 충족'하려는 목적보다는 여성에게 위협감이나 수치심을 주어 공적 공간이 남성의 전유물임을 알리는 방법으로 활용된다. 말하자면 일방적인 형태의 권력행위인 것이다. 공적 공간을 자주 드나드는 여성을 성적으로 비하하는 등의 욕설 행위도 마찬가지다. 여성을 해당 공간에서 몰아내기 위한 행위이다. 2017년 가을 여성들의 폭로로 대거 드러난 직장 내 성차별적 행태 역시, 여성에게 직업적 역량이 부족하고 남성에 종속돼 있다는 사실을 환기하려는 목적으로 성을 이용한 경우에 해당한다. 말하자면 직장 내 차별의 한 형태인 것이다.

따라서 섹슈얼리티 영역에서 성차별이 표출된다고 해서, 섹슈얼리티가 본래 성차별적 특성을 보인다거나, 성차별의 원인이 되는 것으로 이해해서는 안 된다. 혹은 소녀나 젊은 여성들이 섹슈얼리티에서 배제돼야 한다는 의미도, 현시대가 성적으로 더 폭력적이라는 뜻도 아니다. 오히려 성희롱과 성추행, 성폭력 피해에 대한 분노는, 평등한 성 문화의 확대를 바탕으로 한 일종의 저항이자 '희생자를 비난'하던 과거의 인습에서 벗어나려는 움직임을 의미한다.

평등한 상호적 관계와는 거리가 먼, 성폭력과 성차별적 언행은 결코 성적인 목적만을 추구하지 않는다. 권력을 유지하고, 경계를 짓고, 젠더의 특권을 강화하고, 발언권이 확대된 여성의 지위를 하락시키려는 것이 주된 목적이다. 그러니 이런 폭력을 막는 것이야말로 우리가 모두 함께 해야 할 정치적 과업인 셈이다.

글 · 미셸 보종 Michel Bozon

(1) Françoise Héritier, 2017년 11월 작고한 인종학자이자 인류학자. 주요 저서로 『남성성/여성성. 차이의 사상』(Odile Jacob · Paris · 1996)이 있다.
(2) '보건 바로미터 조사', 프랑스공공보건기구(Santé publique France), 파리, 2010년.
(3) '프랑스통계청(INSEE) 프리미어. 2016년 인구 조사 통계', 프랑스통계청(INSEE), 파리.
(4) 특별한 언급을 제외하고, 이 글에 나오는 수치는 모두 '프랑스의 성 상황' 조사에서 인용했다. 이 조사에 대한 결과는 나탈리 바조스와 미셸 보종이 저술한 『프랑스 성에 관한 조사. 관행과 젠더 그리고 건강』(La Découverte · 파리 · 2008)에도 소개했다. 좀 더 과거의 통계수치는 피에르 시몽과 동료들이 저술한 『프랑스인 성행태에 관한 보고서』(René Julliard–Pierre Charron · 파리 · 1972)와 알프레드 스피라와 나탈리 바조스가 저술한 『프랑스 성 행태에 관한 분석(ACSF)』(La Documentation française · 파리 · 1993)에서 인용했다.
(5) Marie Bergström, '온라인 맞선 사이트: 프랑스에서는 누가 이용하나? 누가 그곳에서 배우자를 만나는가?', 〈인구와 사회〉, 제530호, 프랑스국립인구연구소(INED), 파리, 2016년 2월.
(6) 『성 사회학 50년. 1960년대 이후 시각과 행동의 변화. 반세기의 변화』, Academia-L'Harmattan, 루뱅라뇌브-파리, 2014년.
(7) Armello Andro, Nathalie Bajos, '삽입 없는 섹스. 그동안 도외시되던 성생활 유형', 앞의 책 『프랑스 성에 관한 조사』에서.
(8) 포르노와 청소년에 관한 어른들의 걱정에 관한 부분은 Agora Débat Jeunesse(Sciences Po Les Presses · 파리 · 2012) 제60호에 실린 '젊은이들의 성 자율성과 어른들의 도덕적 공포' 참조.
(9) Amandine Lebugle을 책임자로 진행된 연구팀, '공적공간에서 주로 대도시 젊은 여성들을 표적으로 일어나는 폭력', 〈인구와 사회〉, 제550호, INED, 2017년 12월.

예상치 못한 반발

국공내전이 한창이던 1948년 봄, 공산당이 장악한지 얼마 되지 않은 어느 중국 마을을 방문한 한 미국인 농부는 마을 농민들과 그들의 아내들의 반란을 목도했다.

남편의 억압과 집 안에만 틀어박힌 삶에서 여성을 해방하기 위한 또 다른 투쟁이 시작되고 있었다. '대곡선' 마을(현재 산시성 창즈시 소재 한 마을-역주)의 가난한 여성 농민 몇몇은 여성 단체를 조직했다. 남성의 영향력에서 벗어난 이 용기있는 아내들과 며느리들은 여성도 마을 회의에 참여하도록 이끌었다. 가장 계몽된 여성들은 자신들이 '중국의 절반'을 대표한다고 자부했다. 하지만 여성들이 단체를 조직하고, 마을 회의에 참석하고, 공적인 활동에 참여하면서 이에 반대하는 남성들의 목소리도 점점 커졌다. 남성들은 아내와 며느리의 모든 외부 활동을 "간통으로 직결되는" 행위로 치부했다. 가장은 아내를 소유물로 여겼고 모름지기 아내란 열심히 일하고, 아이를 낳고, 아버지, 남편, 시어머니를 섬기고, 묻는 말에만 대답해야 하는 존재라고 생각했다. 이러한 분위기 속에서 여성 단체의 활동은 가정의 위기를 초래했다. 많은 남편이 아내의 외출을 반대했다. 마을 회의에 참가한 젊은 부인들 중 다수가 귀가 후 남편에게 심하게 구타당했다.

가난한 농민인 만창의 아내도 그중 한 명이다. 만창은 여성 단체 모임 후 집에 돌아온 아내를 구타했다. 이에 만창의 아내는 집안의 절대자인 남편이 전혀 예상치 못한 방식으로 대응했다. 헌신적인 노예처럼 남편에게 순종하는 대신 다음 날 여성 단체의 간사를 만나 남편을 고발한 것이다. 간사는 마을 여성 총회를 소집했다. 전례 없던 이 총회에 소환당한 만창은 당당히 참석해 거만하고 단호한 태도로 자신을 변호했다. 그는 부인을 구타한 이유가 마을 회의에 참여했기 때문이며 "여자들이 이 모임에 가는 이유는 추파를 던지고 남자를 유혹하기 위함 일 뿐"이라고 주장했다.

총회에 참가한 여성들은 만창의 발언에 크게 반발했다. 분노는 이내 행동으로 이어졌다. 여성들은 만창에게 달려들어 그를 넘어뜨리고, 발로 차고, 옷을 찢고, 얼굴을 할퀴고, 머리카락을 쥐어뜯고, 숨을 쉬기 힘들 정도로 구타했다. 이날 이후 만창은 감히 아내를 때리지 못했고 마을 사람들은 전통적인 관습에 따라 그저 '만창댁'으로 불리던 만창의 아내를 처녀적 이름인 청아이리언으로 부르기 시작했다. 이 총회

이후 여성들이 평등을 쟁취할 수 있었냐는 질문에 여성 단체 대표 중 한 명은 "아직은 아니다. 예전보다는 상황이 조금 나아졌지만 여전히 맞고 사는 여자들이 있다. 대부분의 남자는 여자의 말을 무시하고 여자는 가치가 없는 존재라고 생각한다. 우리가 평등을 쟁취하려면 오랫동안 싸워야 할 것이다"라고 대답했다.

(1) William H. Hinton, 『Fanshen. La révolution communiste dans un village chinois, 해방, 한 중국 마을의 공산주의 혁명』, Plon, Paris, 1971 (재발행 : Pocket, 2000).

존재로서의 여성

페미니즘…'같음'을 향한 '다른 갈망'들

소니아 다양에르즈브렝 Sonia Dayan-Herzbrun

파리7대학 명예교수. 사회학자 겸 철학자. 1992년 창간한 여성잡지 〈Tumultes(소요)〉를 이끌고 있다.
주요 저서로『중동 여성과 정치』(라 르마탕, 2005).『포스트 식민 정치에 대한 소고. 프랑츠 파농부터』(키메, 2006) 등이 있다.

1960년대 말부터 서구 여러 나라에서 여성운동이 발전하면서, 1975년부터는 국제적으로 이를 인정받기 위한 노력이 시작됐다. 국제연합(UN)은 멕시코에서 첫 여성 국제회의를 개최하고 1975년을 '여성의 해'로 선포했다. 이를 계기로 여성운동이 확장되고, 조직화되며, 세계화된다. 1980년 덴마크 코펜하겐에서 제2회 대회가 열렸고, 냉전 종식에 대한 전망과 함께 제3회 대회가 1985년 나이로비에서 개최돼 전 지구적인 페미니즘이 탄생된다. 그로부터 10년 뒤, 1995년 베이징 국제회의는 그 새로운 전환점이 됐다. 각국 대표들은 최종 선언에서 "전 세계 모든 여성들의 목소리를 담고 그들의 다양성과 그들의 역할과 삶의 여건을 고려해 세계의 모든 여성들을 위한 평등, 발전, 평화의 목표를 진일보시키려는 결심을 확고히 한다"고 밝혔다. 여성들은 각 영역에서 자신들의 존재감을 천명할 권리에 대한 공식 담론을 이끌어냈다. 이에 따라 빈곤, 교육, 훈련, 무력 분쟁, 경제, 권력 및 의사결정, 제도적 장치, 인권, 미디어, 환경, 여아 등 12개 주요 관심부분의 전략 목표와 행동 계획으로 구성된 베이징 행동강령이 채택됐고, 성이 더 이상 섹스가 아닌 젠더임을 천명하였다. 성별 간의 관계가 생물학적인 면에서 파생하는 것이 아니라, 사회적 구조에서 비롯한 결과인 만큼 남녀 관계를 재평가해야 한다고 주장을 편 것이다.

이어 세계은행은 1994년 여성들을 경제 및 사회 발전, 보건, 교육, 가족계획, 연수, 특히 농업 부분에 참여시켜야 한다고 선언했다. 이에 따라 국제기구들은 여성들이 요구해온 것들을 행동으로 옮기기 시작했다. 우선적으로, 여성들이 모습을 드러내고, 소속 집단에 구성원으로 인정받는 일이었다. 이 시기에 여성과 '젠더' 문제를 다룬 연구결과 및 홍보물들이 봇물 터지

〈키스〉, 2015

듯 쏟아졌고, 점차 제도적인 인정을 받게 됐다. 마침내 아주 다양한 목적을 지닌 여성 단체들이 도처에 생겨났고, 그 목표는 주로 특정 사안의 해결책 연구에 집중돼 있었다. 1998년 3월 31일, 세계 여성들을 대륙과 국경을 초월해 그들의 이해관계를 한데 묶어 여성들의 요구와 주장을 범지구적으로 펼치자는 세계여성행진(Marche mondiale des femmes)이 프랑스에서 발족돼, 지금까지 다채롭게 활동 중이다.

세계여성행진측은 여성 운동단체들과 가장 시급히 해결해야 할 과제로 가난과 폭력의 퇴치를 꼽는다. 1970년대 페미니스트 운동의 슬로건 중 하나는 '사생활이 곧 정치다'였다. 가사, 가족관계, 몸과 성(性)의 관계들을 거론하며, 사생활을 무대 전면에 내세웠고, 사생활에 정치적 의미를 부여했다. 또 시민권을 비롯해, 공동체와 관련된 결정권 및 참정권도 요구했다.

여성 계층 분화와 상호 이질적 목표

이런 전 방위적 변화의 과정에 금세 문제가 나타났다. 이론적인 토론 주제들도 어느새 정치적인 문제로 둔갑한 것이다. 국제 조직의 담론도 초기 서구 페미니스트 운동의 그것처럼 "모든 여성이 지배당하고 있으니, 결국 공동의 이익을 위해서 같이 갈 수밖에 없다"고 봤다. 그렇지만 블랙 페미니즘(1)이나 혹은 포스트 식민주의(2) 사조에 속했다가 다양한 사조로 거듭난 미국, 아프리카, 인도에서는 그러한 관점에 반기를 들었다. 이들은 여성들 간에 존재하는 차이와 경계, 그리고 사회 계층, 인종, 식민지 과거사 등과 같은 차이를 당연히 고려해야 한다고 강조했다.실제로 지난 수십 년 동안 여성들 간에도 다양한 분화가 형성돼왔다. 한편에서는 경제적인 세계화가 상황을 유례없이 약화시켰다. 그러나 다른 한편에서는 단체, 기업, 미디어 분야에서 권좌에 오른 엘리트 여성들이 출현했다. 후자의 경우 모든 여성의 운명을 개선할 준비를 하는 선도적 지도자들로 간주할 수도 있다. 하지만 그들은 정작 그들이 말을 걸고 싶어 하는 여성들로부터 동떨어져 있을 수도 있다. 일부 여성 단체와 국제적 페미니즘의 확장에 힘입어, 최근 각 국가의 정부차원에서 여성문제에 관심을 갖는 '국가 페미니즘'이 강화됐다. 일부 국가들은 여성들을 위한 차별 투쟁에 우려를 표명했다. 특히 몇몇 국가들은 여성운동가들이 차별 투쟁을 빌미로 간혹 정부 부처의 신설을 이끌어 내는 데 우려를 내비친다. 왜냐하면 부서 신설의 주된 목적중 하나는 현대적 투쟁 방식을 제공하는 동시에 미디어에서 통용되는 표준을 따르고, 다른 하나는 특권 그룹에 속한 여성들의 요구와 이권에 부응하겠다는 의미를 담고 있기 때문이다.

국가 페미니즘의 한 예로, 2003년 10월 모로코의 모하메드 6세는 무다와나(Moudawana · 여성의 권리를 가로막았던 모로코의 가족법)의 개혁을 10여 개 여성 단체의 도움을 받아 가족법(3)으로 바꿨다. 그러나 이 법은 모로코 여성들의 지위를 개선하긴 했지만, 자세히 들여다보면 엘리트 여성들의 삶의 여건을 소외 계층 여성들의 그것보다 훨씬 더 개선했다. '국가 페미니즘'은 모로코나 이집트 등지에서 무슬림 페미니스트들의 열망에 부응하듯 '뉴 페이스'들을 규합하고 있다. 그 결과, 청원을 책임진 여성들, 즉 무르시다트(Murshidat) 단체가 형성됐다. 이 단체의 역할에는 한계가 있다. 모로코의 무르시다트들은 빈민가 여성들이나 최하위 빈곤 지역에 가서 코란을 가르치고, 이교도에 맞서 투쟁할 것을 설파하는 책무만 띠고 있을 뿐, 빈곤 퇴치 투쟁을 외치지는 않는다.

'여성'을 배척하는 여성운동

'국가 페미니즘'의 모호한 사례는 또 있다. 인도에서 벌어진, 여성 태아의 낙태 반대투쟁이 그것이다. 소니아 간디 부인이 인도에서 이끈 공식 캠페인은 낙태를 '태아 살인'으로 규정하고 있다. 여아를 태어나지 말아야 한다고 결정짓는 것은 여성들을 탄생과 동시에 차별의 대상으로 삼는 방증이라는 것이다.

하지만 일부 신문 기사(4)에서는 '계획범죄'라고 일컫는 낙태에 대해 '살인'과 유사한 용어로 써서, 모든 낙태를 규탄하는 듯한 인상을 주었다. 인도 여성 운동은 이 문제에 공통된 견해를 내놓지 못하고 있다. 이러한 '패러독스'는 프랑스에서 '회교도적'이라고 치부되는 히잡 사

존재로서의 여성

국가별 낙태권 현황

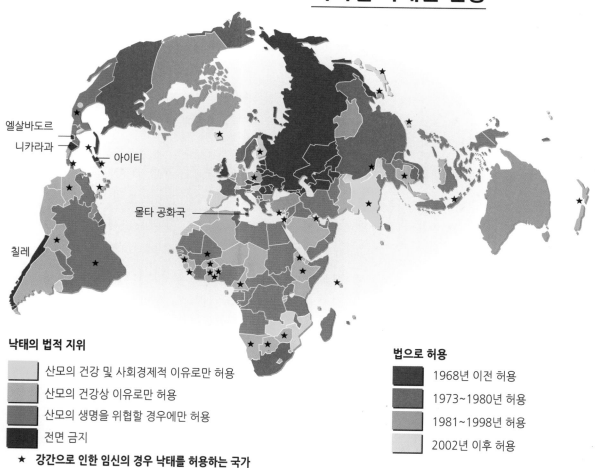

엘살바도르
니카라과
아이티
몰타 공화국
칠레

낙태의 법적 지위

- 산모의 건강 및 사회경제적 이유로만 허용
- 산모의 건강상 이유로만 허용
- 산모의 생명을 위협할 경우에만 허용
- 전면 금지

★ 강간으로 인한 임신의 경우 낙태를 허용하는 국가

법으로 허용

- 1968년 이전 허용
- 1973~1980년 허용
- 1981~1998년 허용
- 2002년 이후 허용

참조: 칠레에서는 산모의 생명을 위협하거나 기형아 출산의 위험이 있는 경우 혹은 강간으로 인한 임신의 경우 낙태를 처벌하지 않는 법안이 2016년 3월 상정되어 2017년 표결에 부쳐졌다.

출처: Center for Reproductive Rights, 'The world's abortion laws 2016', 국제연합(UN), 'World abortion policies 2013' & 'Abortion policies, a global review', 2020.

건과 유사하다. 주변 남학생들에 대한 압박으로부터 여학생들을 보호하겠다는 구실로, 공립학교에서 종교적인 복장 착용을 금지한 정부 결정(5)은 여성들을 자율적인 존재로 인정하지 않는 것이며, 그녀들이 공교육에 접근하는 것을 차단할 위험을 안고 있다.

피임 현황

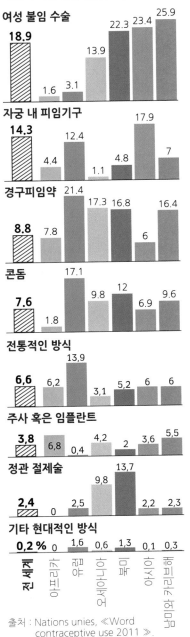

15~49세 기혼 또는 사실혼 관계에 있는
여성의 피임 방법 (단위 %)

여성 불임 수술
18.9 / 1.6 / 3.1 / 13.9 / 22.3 / 23.4 / 25.9

자궁 내 피임기구
14.3 / 4.4 / 12.4 / 1.1 / 4.8 / 17.9 / 7

경구피임약
8.8 / 7.8 / 21.4 / 17.3 / 16.8 / 6 / 16.4

콘돔
7.6 / 1.8 / 17.1 / 9.8 / 12 / 6.9 / 9.6

전통적인 방식
6.6 / 6.2 / 13.9 / 3.1 / 5.2 / 6 / 6

주사 혹은 임플란트
3.8 / 6.8 / 0.4 / 4.2 / 2 / 3.6 / 5.5

정관 절제술
2.4 / 0 / 2.5 / 9.8 / 13.7 / 2.2 / 2.3

기타 현대적인 방식
0.2% / 0 / 1.6 / 0.6 / 1.3 / 0.1 / 0.3

전세계 / 아프리카 / 유럽 / 아시아 / 미국 / 오세아니아 / 라틴아메리카

출처 : Nations unies, 《Word contraceptive use 2011》.

아프가니스탄에서 진행되고 있는 '반 테러리즘' 전쟁을 사람들은 여전히 아프가니스탄 여성들을 구명하기 위한 전쟁이라고 말한다. 이 전쟁을 두고 서구를 비롯한 세계 각지의 여성 단체들 간에 다양한 견해차가 있다. 2002년 9월 미국의 팔레스타인계 여류 인류학자 릴라 아부-루그호드(6)는 "무슬림 여성들은 정말 구원받아야 할 필요가 있는 것일까?"라고 자문했다. 그녀는 아프가니스탄에서 미군의 승리가 여성을 해방시키고, "그들에게 음악을 들을 수 있게 하고, 딸들을 학교에 보낼 수 있게 했다"고 주장한 로라 부시의 공식 선언에 응수한 것이었다. 반대로 소련이 아프가니스탄에서 철수한 후, 아프가니스탄 사회가 병영화되면서 여성들이 폭력에 시달리고 있다는 주장도 있다.(7) 흔히 이 여성 운동들은 탈레반이 아프가니스탄 시민의 서구적 옷차림을 금지한 것에만 초점을 맞추려들 뿐, 굴부딘 헤그마티아르의 수하들과 다른 부족장들이 자행하는 강간에 대해선 지나치다 싶게 침묵하기 일쑤다.

남북 및 동서간 이질감 극복할
공통의 패러다임 필요

한편 여성운동이 내세우는 '보편성'이 쟁점으로 떠오르고 있다. 대체로 '북반구(Nord)', 즉 북미와

존재로서의 여성

〈세계여성행진에 참여한 시위대〉

북유럽 및 그 밖의 나라에서 쓰이는 표준과 가치를 보편성으로 치부한다. 그러나 '북반구'에서 통용되는 개념에 이의를 제기한 것부터 한층 실용적인 것에 이르기까지 다각도의 개념들이 충돌하고 있다. 이를테면 아프리카 여성을 연구하는 잡지 〈젠다(Jenda)〉는 유럽과 미국의 경험에만 토대한 개념과 분석 방식의 보편화를 문제 삼았다.

   의견 일치와 관련해서도 또한 분쟁의 소지가 있다. 전 지구적인 여성 행진을 전개할 당시, 참가자들은 빚 탕감에는 전원 동의했지만, 낙태 권리와 레즈비언들의 권리 요구에는 의견차를 보였다.(8) 여기서 문제가 되는 것은 (여성 문제에 치중하는) '북반구'쪽 여성과 (기본적인 경제문제를 최우선시 하는) '남반구'쪽 여성 사이에서 정치적 편향이 드러난다는 점이다. '남반구'쪽 여성들은 대부분 낙태가 허락되지 않은 나라 출신들이었다. 설령 좌파 정권이 들어섰다 해도 그러했다. 국제 엠네스티에 따르면, 니카라과에서는 여성단체들이 2006년 제정된 낙태(강간에 의한 낙태를 포함) 금지법에 소송을 제기했다. 낙태 권리 주장은 단순한 정치적 요구를 넘어서는 것이기 때문에, 분명한 정치적 입장이 필요한 셈이다. 인도의 '소수자들을 위한 국가위원회' 위원인 정치학자 조야 한산은 남녀 간의 관계에서 '젠더'의 정당성과 다양성이 서로 화해해야 한다는 주장에 이견을 보였다. 모든 여성들이 표출하는 더 많은 권리와 자율에 대한 갈망은 똑같은 길을 가지는 않는다는 게 그녀의 주장이다. 하지만 그 길에는 서로 스치는 교차로가 분명히 있다.

글 · 소니아 다양에르즈브렝 Sonia Dayan-Herzbrun

(1) 엘자 도르랭이 선별적으로 소개한 〈블랙 페미니즘, 아프리카 미국인의 페미니즘의 선집〉의 텍스트, 1975~2000, 아르마탕, 파리, 2008년.
(2) 레이나 레비스와 사라 마일스가 지도한 논문 〈포스트식민주의 페미니스트 이론〉, 루트리지, 런던, 2003년.
(3) 이 법은 가정에서 부부의 책임과 결혼 연령을 최소 18세로 명시하고, 성인여성에 대한 혼인간섭을 폐지하고, 일부다처제에 대한 가능성 등을 제한하고 있다. 알랭 루시이옹, '라 무다와나 개혁: 모로코 여성들의 지위와 여건', 잡지 〈마그레브 마크렉〉, 파리, 179호, 2004년 봄호.
(4) 〈The Hindu〉가 그 예다.
(5) 2004년 3월 15일 법 조항 2004-228.
(6) 릴라 아부-루그호드 '무슬림 여성들은 정말 구원받아야 할 필요가 있는 것일까? 문화 상대주의 그 밖의 것들에 대한 인류학적인 성찰', 잡지 〈미국의 인류학자〉, 104권, 3호, 2002년 9월.
(7) 찰스 허쉬카인드와 사라 마무드 '페미니즘, 탈레반, 게릴라전투', 계간 〈인류학〉, p.345, 2002년.
(8) 엘자 갈레랑 '여성들의 전 지구적인 행진의 시발점을 되돌아보며(1995~2001). 성별 사회적 관계와 여성들 간의 모순', 잡지 〈카이에 뒤 장르〉, 40호, 2006년.

존재로서의 여성

종교계 내부에서 일어난 페미니즘 운동

가에탕 쉬페르티노 Gaétan Supertino

종교담당 기자. 종교적 사건들에게 열정적인 관심을 갖고서, 세상에 배제되고 소외된 사안에 대한 심도 있는 글을 주로 쓰고 있다.
유럽종교학연구소(IESR)와 프랑스 고등연구원(EPHE)에서 종교학을 공부했다.

본래 페미니즘 투쟁은 가부장적 성격이 강한 종교와 대립각을 세우고 있었다. 19세기부터는 교계 내부에서도 페미니즘 운동이 일어나기 시작했다. 모든 이들이 각자의 방식으로 여성의 권리 쟁취를 위해 투쟁했던 것이다.

"혹자는 이토록 거룩한 종교와 이토록 대담한 파격 사이에 접점을 찾기란 불가능하다고 말했다. 하지만 이처럼 영광스러운 일이 가능했던 것은 놀라운 용기와 재능을 바탕으로 독보적 위상을 차지했던 일부 특별한 여성들의 노력 덕분이다."

1902년 샤를르 튀르종은 저서『프랑스의 페미니즘』에서 이렇게 썼다. 여기서 역사학자인 필자가 말하는 것은 전대미문의 운동, 즉 가톨릭 종교 내부에서 발현된 페미니즘을 의미한다.

본래 페미니즘 운동은 태동 당시 반종교적인 성격을 지녔다. 튀르종이 "두 영역의 접점을 찾기란 불가능하다"고 말한 것도 그런 맥락에서 읽힌다. 19세기 페미니즘을 창시한 주요 인물들은 주로 자유주의 성향을 지닌 부르주아나 사회주의자들로, 종교에 비판적일 수밖에 없었다. 가령 그들은 피에르 부르디외가『남성 지배』에 썼던 표현을 빌려 "철저히 가부장적 가치가 중심을 이루는 가족 윤리관을 주입한다"는 이유로 종교를 비판적 시각에서 바라봤다.

1830년대에 이르러, 프랑스인 외제니 니부아예와 제니 데리쿠르 등 개신교 지식인들이 1세대 페미니즘 물결을 형성했다. 그들은 여성의 참정권을 인정하고 교육권을 확대하며, 가족이나 사회 내 여성의 역할을 재정립할 것을 요구했다. 19세기 중후반, 여러 여성 개신교 자선단체도 행렬에 동참했다. 20세기 초 프랑스 페미니즘의 첨병 역할을 하던 일명 '개신교를 위한 여성자선운동 및 단체 세계대회'를 주관한 것도 바로 이 개신교 여성들이었다. 역사학자

마틸드 뒤베세는 "개신교는 개혁을 통해 그동안 사제의 특권으로 간주되던 성경을 모든 이들이 읽을 수 있게 하겠다는 목표를 내걸며, 여성교육을 비롯한 각종 교육에 투자를 아끼지 않았다. 20세기 초 프랑스, 영국, 독일에서는 개신교의 청년교육이 가톨릭보다 더 활발히 이뤄졌다"고 분석했다.(1)

많은 유대교 여성도 초기 페미니즘 운동에 가세했다. "19세기 후반 고등교육을 받은 많은 유럽의 유대교 여성들이 다양한 방식으로 세계적인 페미니즘 운동에 동참했다. (…) 유대교 여성의 참여는 이미 페미니즘 운동 초기부터 활발히 이뤄졌다"고 역사학자 뱅상 빌맹(2)이 설명했다. 특히 그는 여성 유대교도가 겪어야 했던 수많은 난관을 지적했다. "빈이나 베를린에서 활동하는 많은 반유대주의 여성단체는 페미니즘이 유대교 교리와 다를 바 없다는 이유를 들며 페미니즘을 공격했다. 여성 유대교도는 프리메이슨단이나 사회주의 운동에도 따라붙는 지긋지긋한 꼬리표에 익숙해져야 했다."

19세기 말, 유대교도나 개신교도가 이끄는 자유주의 페미니즘과 대립적으로, '가톨릭 페미니즘'이 탄생했다. 샤를르 튀르종은 가톨릭 페미니즘이 '사도'로 삼은 것은 마리 모주레 기자라고 기술했다. 1898년 '기독페미니스트협회'를 창설한 마리 모주레는 "기독교에 페미니즘을, 페미니즘에 기독교를 접목"하려 했다. 여기서 주목할 사실이 하나 있는데, 마리 모주레가 '프랑스여성민족주의연맹'의 창설자이기도 하다는 점이다. '프랑스여성민족주의연맹'은 "유대인의 위험에 맞서 싸우는" 반드레퓌스파 성격을 지닌 단체였다.

각종 '여성자유노조', '교회 내 여성과 남성' 그룹, '국제잔다르크연맹', 몬트리올의 '성 요한 세례자 연맹' 등 가톨릭과 페미니즘을 동시에 표방하는 단체가 하나둘씩 늘기 시작했다. 1932년 마리 게랭라주아 캐나다 수녀는 저서 『가정으로 돌아온 어머니』에 이렇게 썼다. "자유로운 이혼, 산아제한, 여성 개인의 삶 존중 등을 요구하는 자유주의 페미니즘에 대항해, 교계는 기독 페미니즘을 꺼내 들었다. 기독 페미니즘은 일부 여성의 권리를 주장하면서도, 그 전에 먼저 여성이 모든 의무를 충실히 다할 것을 강조했다."

가톨릭 페미니즘 투쟁은 다양한 형태로 나타났다. 가령 1930년대 '여성정신연맹'을 비롯한

존재로서의 여성

〈서원〉, 2018

단체들은 여성의 사제서품을 요구하기까지 했으며, '부권'을 '친권'으로 대체할 것을 주장하거나, '출산의 의무'에 반대하며 치열한 투쟁을 벌였다. 반면 다른 가톨릭 페미니스트들은 오로지 시민이나 노동자 권리에 관한 문제만을 다루기도 했다. 마지막으로 교단 내부로부터 자성의 목소리를 내는 페미니스트들도 있었다. 이들은 여성이 신학 관련 논쟁과 교육에 더 많이 참여할 수 있기를, 공동체 운영에 더 많은 중책을 맡을 수 있기를 요구했다. 대표적인 인물이 프랑스의 마리 에드몽과 프랑수아즈 방데르메에르슈 수녀였다.(3)

그러나 피임이나 낙태에 반대하는 교단의 입장을 대놓고 비판하는 페미니스트는 찾아볼 수 없었다. 그랬다가는 누구든 교단 밖으로 영원히 쫓겨날 위험이 있었기 때문이다. 어쩌면 가톨릭 페미니즘이 일부 사제의 지원을 받을 수 있었던 것은, 그처럼 교단의 입장에 정면으로 도전하는 페미니스트가 없었기 때문인지도 모른다.

그렇다면 이슬람 페미니즘의 사정은 어떠했을까? 페미니스트들의 열망은 결코 서구 국경 안에 갇혀 있지 않았다. 1848년 시인이자 신학자였던 이란여성 파테메(Fatemeh·국내에는 '타헤레'라는 이름으로 더 알려져 있음-역주)가 이슬람 머리두건을 쓰지 않은 채 컨퍼런스에 참석하며 관중을 큰 충격에 빠뜨렸다. 페미니스트로서의 파격적인 행보로 인해 많은 논란을 일으켰던 그녀는 그로부터 4년 후, 암살사건에 휘말려 사형을 선고받았다. 일설에 의하면, 그녀는 처형 직전 이렇게 소리쳤다고 한다. "너희들은 원한다면 나를 죽일 수 있다. 하지만 여성 해방을 막을 수는 없다!"

그러나 역사학자 스테파니 라트 압달라에 의하면, 정작 이슬람 페미니즘이 본격적으로 등장한 것은 그보다 훨씬 세월이 흐른 1990년대였다. 스테파니 라트 압달라는 저서 『종교적 규범과 젠더, 변이, 저항, 재형성』(2013)에서 다음과 같이 설명했다.

"국경을 초월한 운동이 서서히 형성됐다. 가정 내 남녀평등을 표방하는 단체 '무사와'와 여성 지식인과 신학자들로 구성된 초국적 협의체인 '세계여성자문위원회', 바르셀로나 소재 '준타 이슬라미카'가 2005~2010년 개최한 각종 컨퍼런스 등 글로벌 조직망이 하나둘 구축됐다. 더욱이 이슬람 국가 안에서도 이슬람 페미니스트들은 기존의 교계 내부에서부터 길을 찾으려

존재로서의 여성

고 시도했다. 결국 이슬람 페미니즘은 나라별로 다양한 방식을 띠며, 시민사회, 사회운동, 정치운동 등으로 점차 확산됐다."

이슬람 페미니즘은 각각의 운동이 처음 탄생한 국가와 환경에 따라 다양한 형태를 띠었다. 어떤 이들은 종종 이슬람형제단과 가까운 매우 보수적인 페미니스트를 자처했다. 그들은 시민의 평등권을 주장하면서도 정작 남녀차별은 문제 삼지 않았다. 반면 조금 더 진취적인 페미니스트도 찾아볼 수 있었다. 그들은 인간의 권리가 남녀 모두에게 보편적인 것이라고 주장하며 모든 종류의 양성 불평등에 반대했다.

차츰 시간이 흐르면서 종교적 페미니즘은 나름의 교리를 수립하기에 이르렀다. 그 결과 1970~80년대, 진정한 '여성 신학'이 꽃을 피웠다. 처음에는 유대교와 기독교가, 이어 1990년대에는 이슬람 페미니스트가 여성신학을 이끌었다. 그들의 목표는 여성에게 긍정적인 내용으로 성서를 재해석하는 것이었다. 그러나 성경에 나오는 사도들이 남성이었다는 것은 부인할 수 없는 사실이 아닌가? 물론 사도들이 전부 남성인 것은 맞지만, 예수의 사도들은 훨씬 더 "포용적이고 비위계적인 성격을 지녔다"고 개신교 신학자 샐리 맥페이그는 지적했다. 그렇다면 코란은 정말 가정의 권위, '키와마(Qiwama)'를 남편에게만 부여한 것일까? 이슬람 페미니즘을 연구하는 남성과 여성 신학자들은 그렇지 않다고 주장한다. '키와마'는 부부 중 가정을 건사할 능력이 나은 사람에게 주는 것이라는 설명이다.

한편 종교적 페미니즘은 신이 남성도 여성도 아닌, '중성'이라는 이론을 표방한다. 시카고 로욜라대학 신학과 부교수 수잔 A. 로스는 "오늘날 성서나 전례나 일상 속에 등장하는 남성화된 신의 이미지는 하나님을 제대로 이해하는 데 걸림돌이라고 페미니즘 여성 신학자들은 말한다. 그들이 보기에 하나님은 훨씬 절대적인 신비를 구현하시는 존재다"라고 설명했다.(4)

모든 교단의 페미니스트들은 투표권, 교육권, 노동권, 자립권 등 여성의 권리를 쟁취하기 위한 투쟁에서 수많은 승리를 거뒀다. 가령 마그레브 지역을 비롯한 이슬람권 국가에서는 일부다처제가 조금씩 사라지는 추세이며, 여성의 법적혼인 연령도 점차 남성과 비슷한 수준으로 차츰 올라가고 있다. 교계 내부에서도 변화의 바람이 감지된다. 1930년대 이후로 랍비와 사제(심지어 북유럽 국가에서는 주교까지)의 자리는 여성에게도 허락되고 있다. 또한 가톨릭 수녀는 남성 수도사에 버금가는 권리를 누리게 됐고, 여성도 신학교수가 될 수 있는 길이 활짝 열렸다. 남아프리카, 북아메리카, 유럽 등지에서는 여성 이맘(이슬람교 교단의 지도자 혹은 뛰어난 학자를 가리키는 직명 중 하나-역주)이 남녀가 동석하는 기도회를 주재하기도 한다. 그런가 하면 인도네시아에서는 여성이 이슬람교리 해석(파트와)을 내놓을 수 있는 무프티(이슬람 율법전문가)직에도 도전할 수 있게 됐다.

그러나 종교적 페미니스트에게는 여전히 수많은 장벽이 남아있다. 가톨릭교회에서는 중대한 결정을 내릴 권한은 여전히 남성 사제에게만 주어지며, 유대교에서의 '종교적 이혼(Guett)'은 남편의 의사에 의해서만 성사된다. 또한 모든 이슬람 국가에서 상속법은 남성에게 훨씬 유리하며, 이슬람교도는 이슬람교도가 아닌 사람과는 혼인이 금지돼 있다. 그 밖에도 헤아릴 수 없을 만큼 많은 문제들이 있다. 종교역사학자 필립 포르티에는 말했다.

"중심부를 보면, 교계가 여전히 현재 진행 중인 변화에 심각한 저항감을 보이고 있다. 그러나 현재 '주변부'에서는 자유로운 교리 해석, 수평적인 삶의 규범 등을 기초로 한 비정통 교리들이 속속 등장하고 있다. 이 흐름은 결코 막을 수 없을 것이다."

글 · 가에탕 쉬페르티노 Gaétan Supertino

(1) Lavie.fr, 2016년 3월 2일.
(2) Vincent Vilmain, Nelly Las, 〈Voix juives dans la féminisme. Résonnances françaises et anglo-américaines(페미니즘 속 유대교 여성들의 목소리. 프랑스와 영미권의 울림)〉, Honoré Champion Editions, 2011년.
(3) Anthony Favier, 'Des religieuses féministes dans les années 68?(68년대 페미니스트 수녀라고?)', 〈Clio. Histoire, femmes et sociétés(클리오. 역사, 여성 그리고 사회)〉(온라인 게재), 59-77쪽.
(4) 'Féminisme et théologie(페미니즘과 신학)', 〈Raisons politiques〉, 제4권, 2001년.

존재로서의 여성

충격적인 단어?

페미니즘이라는 단어를 언급하면(최악의 경우 페미니즘을 주장하면) 사람들은 종종 눈살을 찌푸린다. 페미니즘은 여전히 지나치고 극단적인 성향과 의도를 담고 있는 상스러운 단어로 여겨진다. 클라랑스 에드가르로자 기자는 페미니즘을 더 잘 이해하기 위해 페미니즘에 대한 정의를 수립하고자 했다. 다음은 그녀가 집필한『상스러운 단어, 유쾌한 현대 페미니즘 입문서』에서 발췌한 글이다.(1)

'여왕벌' 신드롬

'여왕벌'은 비단 팝의 여왕 비욘세의 별명만이 아니다. 한 집단에서 여왕처럼 군림하는 여성을 일컫는 '신드롬'의 명칭이기도 하다. 1970년대 초 실시한 한 심리학 연구 결과 리더의 위치에 도달한 여성은 아랫사람을 대할 때 남성보다 여성에게 더 가혹하게 대한다는 사실이 밝혀졌다. 설상가상으로 여성 리더는 자신의 입지를 지키기 위해 아랫사람을 고의로 짓밟는 경우도 잦았다. 얼마 뒤 실시된 후속 연구는 앞선 연구에서 밝혀진 내용을 보강해 "본인은 성공적인 커리어를 쌓았지만 다른 여성도 그만큼 성공할 수 있도록 돕길 거부하는" 여성을 '여왕벌'로 묘사했다. 1980년대에 접어들어 여자도 중책을 맡기 시작했다. 여성 중역들은 여전히 남성이 압도적으로 독점하고 있고 경쟁은 나날이 치열해지는 직업 세계에서 두각을 나타내기 위해 온갖 술수를 동원해야 했다. 성공한 여성이라는 신화가 탄생했지만 권력을 가진 여성은 대중문화 속에서 흔히 동료에게 악의적인 '악녀'의 이미지로 묘사됐다. 이 이미지는 집단적 상상 속으로 파고들었고 오늘날 여성들은 실제로 여자 상사보다 남자 상사를 선호한다. '여왕벌'의 상징은 여전히 유효할까? 40년간 사실로 여겨지던 여왕벌 신드롬의 진실성에 의문을 제기한 연구진은 새로운 사실을 밝혀냈다. 새로운 세대의 여성 중역들에게서는 오직 여성만이 갖고 있다는 이 악의적인 성향이 관찰되지 않았다.(2) 우리가 그동안 '악녀'에 대해 갖고 있던 생각을 쇄신할 때가 된 듯하다.

월경

월경은 나라마다 다양한 이름으로 불린다. 스웨덴에서는 '크랜베리 주간', 독일에서는 '라즈베리 주간'으로 불린다. 영미권 국가에서는 '플로 이모(Ant Flo)' 혹은 '블러디 메리'가 찾아왔다는 표현을 사용한다. 덴마크에서는 '공산당원이 놀이 공원에 놀러왔다', 남아프리카공화국에서는 '할머니가 교통 체증에 갇혔다', 중국에서는 '여동생이 찾아왔다'라는 표현으로 월경을 간접적으로 지칭한다. 국경을 초월한 모든 여성은 월경에 관해 이야기하는 것을 부끄럽게 여긴다.

2015년, "월경 중인 여성을 위한" 팬티를 출시한 한 속옷 브랜드가 뉴욕 지하철 광고에서 '월경'이라는 단어를 그대로 사용했다. 이 브랜드는 해당 광고가 (파리의 RATP에 해당하는) 뉴욕 지하철 공사(MTA)로부터 "너무 외설적"이라는 평가를 받았다고 밝혔다. MTA는 아이들이 '월경'이라는 단어를 보고 부모에게 이 단어의 의미를 물을까 봐 우려했다. 어이쿠! 아이들이 인체의 기능에 대해 묻기 시작하면 평온한 가정에 얼마나 큰 소란이 벌어질지 걱정이 앞선다...

(1) Clarence Edgard-Rosa, 『Les Gros Mots, 상스러운 단어들』, Hugo Doc - Les Simone, Paris, 2016.
(2) 콜롬비아 경영대학원은 20년에 걸쳐 여성 중역의 행동 방식을 연구했다.

존재로서의 여성

〈카멜리아〉, 2021

에코 페미니즘, 여성성의 발현 또는 신화화?

재닛 비엘 Janet Biehl

생태학자(1953년생~). 미국 오하이오주 출신으로 머레이 북친의 사회적 생태주의에 매료된 그녀는 북친과 함께,
생태주의 담론을 담은 뉴스레터 〈Green Perspectives〉(1987~2000)를 공동 집필했다. 주요 저서로 『에코페미니즘 정치의 재고
(Repenser les politiques écoféministes)』(미국 케임브리지 · 1991), 『에코 파시즘』(피터 스타우덴마이어와 공저, 1995) 등이 있다.

페미니즘과 생태학, 이 관계는 '자연적인' 것일까? 가정 출산 증가, 모유 수유 예찬…, 지난 몇 년 사이 생태학의 눈부신 발전은 모성을 생각하는 방법을 바꿔놓았다. 의료기술의 과다 적용이나 업계 로비를 문제 삼기 전에 우리는 '여성적 자연'에 대한 반론이 싹트고 있음을 이따금 목격한다. 미국에서는 이미 20년 전부터 이런 토론이 지속되고 있다.

여성은 남성보다 '친환경적'일까? 여성은 자연과 특별한 관계가 있거나 생태 문제에 특정한 관점을 지녔을까? 지난 수십 년간 페미니스트를 자처하는 여성들은 이런 질문에 '그렇다'고 답변했다.

이런 태도는 근대 환경운동의 출현과 거의 때를 같이한다. 독일 과학자 파울 에를리히는 1968년 저서 『인구폭탄』에서 "인구 과밀화가 지구를 멸망으로 몰아가고 있으며, 우리가 지구를 위해 할 수 있는 최선책은 종족 번식을 거부하는 것"이라고 주장했다.(1) 몇 년 뒤, 프랑스의 급진 페미니스트 프랑수아즈 도본은 "여성이 자신의 출산을 관리하는 것이 아니기 때문에 인구의 절반은 그런 선택을 할 힘이 없다"고 했다. 그녀는 가부장적 '부권 사회 시스템'이 임신과 증식을 하는 여성을 원했다고 봤다.

도본은 여성이 종족 번식에서의 자유, 낙태와 피임에 대한 손쉬운 접근을 요구하며 부권 사회 시스템에 반발하기 시작했다고 주장했다. 또, 이런 반발이 인구 과밀화로부터 지구를 구하고 여성 해방을 가져오게 될 것으로 내다봤다. 1974년 출간한 첫 저서 『페미니즘인가, 아니면 죽음인가』에서 '생태와 여성 해방의 관계'에 대해 그녀가 내린 첫 결론은 "여성이 인구 증가를 관장하고, 그걸 통해 자신의 몸을 관장해야 한다"는 것이었다. 그녀는 이런 아이

존재로서의 여성

디어에 '에코페미니즘'이란 이름을 붙였다.

70년대 '에코페미니즘'의 출현

미국의 환경 지킴이들은 그녀의 주장을 수용했지만, 에코페미니즘에 다른 의미를 부여했다. 이들은 1963년 자연보호운동에 영감을 준 『침묵의 봄』의 저자 레이첼 카슨이 여성이라는 사실을 상기시켰다.(2) 이들은 뉴욕 주의 러브캐널 사건(3)에서 로이스 기브스가 그랬던 것처럼, 이제 원자력발전소나 유독성 폐기물에 대한 반대시위를 여성이 주도한다는 사실을 깨달았다. 1972년 출간된 보고서 『성장의 한계』(4)를 집필한 영향력 있는 저자 중에는 여성인 도넬라 메도스가 포함돼 있지 않던가? 페트라 켈리는 독일 환경운동의 주요 인물이었다. 영국에서는 시민단체 '지구 생명체를 위한 여성'이 북대서양조약기구(NATO)의 크루즈 미사일 배치에 항의하기 위해 그린엄커먼 공군기지에서 '평화캠프'를 열었다.

수많은 평화캠프 참가자들이 에코페미니스트를 자처했지만, 이것이 종족 번식의 자유를 위한 투쟁을 의미한 것은 아니다. 하지만 사람들은 여성과 자연의 각별한 관계를 발견하기 시작했다. 이런 관계는 심지어 언어에서도 대두됐다. 단어 '자연'과 '지구'는 여성으로, 숲은 '처녀'로, 자연은 '가장 현명한' 우리의 '어머니'로 등치됐다. 여성은 '야생의 마법사' 이미지로 표현됐다.

이와 대조적으로 '자연을 지배'하고 '지구를 파괴'하려는 힘은 과학·기술·이성의 힘으로서 남성이 주도하는 프로젝트로 간주됐다. 수천 년 전, 아리스토텔레스는 '합리성'을 남성으로 정의했다. 그는 여성이 이성적 판단 능력이 떨어진다고 여겼다. 그 뒤 2000년 동안 유럽 문화는 여성이 지적으로 결함이 있는 것처럼 간주하며, 창세기의 가르침대로 지구를 지배하려 들었다. 이후 또 다른 남성 프로젝트인 계몽주의는 과학·기술·공장 등을 이용한 새로운 자연파괴 방법을 고안해냈다. 환경파괴의 주범은 남성이었고, 이들은 자연을 전부 상품으로 개발하고 가공할 수 있는 자원으로 만들어버렸다. 뉴에이지와 에코페미니즘 철학은 이성을 숭상하는 계몽주의 프로젝트가 지구를 파괴했다고 주장했다. 오스트리아 물리학자 프리초프 카프라나 미국의 생태학자 샤를린 스프레트낙 같은 저자들이 이런 이론을 펼쳤다.(5)

여권투쟁에 무관심한 가부장적 에코페미니스트들

1970년대 페미니스트들은 여성이 '깨끗한 손'(친환경적)을 지녔다고 여겼다. 만약 여성이 남성보다 더 직관적이고 감성적이라면, 여성이 환경파괴의 해독제 역할을 할 수 있다고 보았기 때문이었다. 여성은 자연의 리듬과 소통하고 있다는 느낌을 받으며, 자연과 인간이 연결됐다는 사실을 직관적으로 깨달을 수 있는 존재라는 것이다. 따라서 여성을 자연과 동일시하는 것은 긍정적 프로젝트가 됐고, 이 프로젝트는 여성을 환경 메시지의 수호신 반열에 올려놨다. 미국 심리학자 캐럴 길리건은 여성이 '타인에 대한 보살핌의 윤리'(6) 혹은 '돌봄의 윤리'(7)를 지녔다며, 여성의 특수한 도덕 발달 과정을 언급했다. 메리 댈리 같은 일부 학자들은 한발 더 나아가 모든 생물에 내재된 여신이 자연이며, 여성이 여신의 본질을 지녔다는 주장까지 펼쳤다.(8)

여권 신장을 위해 투쟁하던 (전통적) 페미니스트들은 아연실색했다. 이들은 에코페미니즘이 케케묵은 모욕적인 말들, 즉 가부장적 고정관념(타인에 대한 보살핌의 윤리, 돌봄의 윤리)을 칭찬처럼 남용한다며 격렬히 항의했다. 이런 고정관념은 19세기에 여성이 선택할 수 있는 삶을 '별도의 영역'인 가정으로 국한한 이데올로기를 정당화할 때 쓰였다. 예컨대 여성의 도덕적 우월성을 높이 평가함으로써 여성을 우리에 가두고 그 창살을 금칠했던 것이다. 에코페미니즘은 억압적 고정관념의 반복이었다. 새로 '녹색'으로 단장한 (가부장적) 에코페미니스트들은 여권투쟁엔 가담하지 않았다. 이들은 단지 '여성의 신비'의 새로운 반복, 에코페미니즘에만 문을 열어줬다. 실제로 1970년대 환경운동가들은 데이비드 브라우어, 레스터 브라운, 배리 커먼너, E. F. 슈마허, 데니스 헤이스, 머레이 북친, 랠프 네이더, 에이머리 로빈스, 데이비드 스즈키, 폴 왓슨 같은 남성들이었다.

존재로서의 여성

서구의 에코페미니스트들은 세계은행이 자금을 지원해 개발 프로젝트가 진행 중인 제3세계에 관심이 있었다. 수력에너지를 생산하기 위한 댐 공사로 수많은 공동체가 황폐해졌다. 농업이 산업화되면서 농지가 수출용 작물만 단일경작하는 일모작지로 바뀌어갔다. 사람들은 마을에 과일과 연료, 수공업 재료를 대주고 지하수와 동물을 보호해주던 숲을 파괴했다. 개발 반대론자들은 이런 '나쁜 개발', 고삐 풀린 글로벌 착취 자본주의가 숲·하천·토지를 비롯한 공동체와 생태적으로 지속 가능한 삶의 방식까지 파괴했다고 주장했다.

원주민들은 투쟁에 나섰다. 특히 인도 북부에서 한 기업이 숲을 파괴하려 들자, 마을 여성들은 몸으로 나무를 부둥켜안고 벌목을 저지했다. 지난 10여 년 동안 이들의 운동이 지속되면서 이 운동은 '칩코'라는 이름으로 인도 전역에 확산됐다.

칩코운동은 서구 에코페미니스트들의 상상에 불을 지폈고, 이런 사회적 현실이 여성과 지구의 신비감을 키웠다. 아프리카·아시아·남미의 시골 지역을 찾은 인도의 반다나 시바를 비롯한 환경운동가들은 "여성이 자연의 순환 관계에 정통한 정원사와 원예가"라고 설파했다. 이들은 남성의 '나쁜 개발'은 자원의 가치를 시장경제 속에서 잠재적 상품으로만 인정하지만, 원주민 여성들은 이런 자원을 존중해야 후세대가 자원을 안정적으로 확보할 수 있다는 것을 인식하고 있어, 여성이 본능적으로 환경보호 가치에 큰 비중을 둔다고 했다.

칩코운동에 대한 에코페미니즘의 환상은 생계형 농업을 미화하는 데 그쳤다. 교육, 직장 생활, 시민 자격으로 정치에 참여하길 열망하던 여성들이 뭐라 말했던가? 에코페미니스들은 맨발로 정원을 가꾸던 자신의 과거 역할에 머물고 싶어 하는 것처럼 보였다. 물론 남성들도 칩코운동에 가담했다.

여하튼 이런 관심은 여성에게 영향을 미치는 특정한 환경파괴 방식을 조명하는 계기가 됐다. 생계형 경작이 이뤄지던 농지들이 일모작지로 전환되면서 기존 작물 경작지는 토질이 낮은 산비탈로 옮겨갔고, 이것이 삼림 벌채와 토양 침식을 유발하며 농부들을 가난의 악순환으로 몰아넣었다.(9)

여성, 세계화·기후변화에 더 큰 희생

지구온난화는 여성을 더욱 취약하게 만들었다. 폭풍, 화재, 홍수, 가뭄, 삼복더위, 질병, 식량 부족 등이 여성의 열악한 지위를 만들어내고, 이들의 다양한 사회적 역할에 타격을 줬다. 영국에 본부를 둔 여성환경네트워크(WEN)의 보고서에 따르면 매년 기후변화에 따른 재해로 사망하는 남성은 4,500명인 데 비해, 여성은 1만 명이나 된다. 여성이 자연재해 난민의 80%를 차지하고 있다. 기후변화로 집과 생계수단을 잃은 2,600만 명 중 2,000만 명이 여성이었다.(10)

예를 들어 1991년 방글라데시에 태풍이 불어 집 안에 있던 주민들을 덮쳤을 때, 여성이 남성보다 5배 더 많이 희생됐다. 그녀들의 복장이 대피를 방해했다. 여성은 남성이 자신을 데리러 올 때까지 집에서 무작정 기다린 데 반해, 좀 더 트인 장소에 있던 남성들은 집 안에 있는 여성에게 위험을 알리지 않은 채 자기들끼리만 위험 정보를 주고받았다. WEN은 여성의 사회적 지위가 남성의 지위와 엇

〈나무를 껴안는 칩코운동〉

비슷한 곳의 가난한 여성들이 식품 가격 상승, 폭염, 환경파괴가 유발하는 질병에 더 취약하다고 밝혔다.

미국에서는 2008년 금융위기 이후 여성–자연의 관계에 대한 낭만적 해석이 전성기를 누렸다. 섀넌 헤이스는 그의 저서 『전업주부』(11)에서 "여성은 타인과의 관계와 후세대의 안녕을 먼저 생각하는 장기적 전략을 지향한다"고 썼다. 이런 새로운 개념을 앞세운 단체인 '지구-어머니(Terre–mére)'의 회원들은 경제적 이득이 자신에게 높은 수준의 교육과 직업을 제공할 수도 있지만 이를 거절하고, 가정에 남아 가족을 돌보고, 정원에서 직접 경작한 맛있는 식재료로 자녀에게 무공해 음식을 제공했다. 이들은 타인과 관계를 유지하며, 단순함과 진솔함을 중시했다. 이들은 자급자족을 통해 가정을 뜻밖의 경제 재해로부터 막아주는 안전망으로 만들었다. 이들이 배출하는 이산화탄소량은 아주 적었다. 언뜻 보기에는 개인적 삶을 꽃피우며, 자신의 삶에 의미를 부여하는 것 같았다.

사회과학자들은 환경운동 덕분에 생태 문제와 관련한 남성과 여성의 태도에 대해 일관된 연구를 할 수 있었고, 이들 간에 뜻밖의 차이를 찾아낼 수 있었다. 1980년대부터 대다수 과학자들은 실제로 선진국 여성이 남성보다 환경파괴문제에 더 마음을 쓴다는 결론에 도달했다. 일부 연구에 따르면, 여성이 훨씬 적은 '탄소 발자국'(개인 또는 단체가 직·간접적으로 배출하는 온실가스의 총량)을 남긴다고 했다. 스웨덴의 한 보고서는 남성이 주로 장거리 운행을 많이 해, 이들이 기후온난화에 깊숙이 동참하고 있다고 지적했다. 스웨덴의 자동차 운전자는 4분의 3이 남성이다.(12)

환경문제가 일으킨 정치적 행동은 어떨까? 국제적 측면에서는, 미국 여성정책연구원 IWPR의 보고서에서 보듯, 환경운동에 동참해 역할을 수행하는 지도층 여성이 남성보다 훨씬 적었다. 국가 단위 환경단체들의 지도부도 주로 남성이 채우고 있다. 하지만 지역적 측면에서 보면, 환경·건강 또는 공동체의 안전에 대한 위협에 대처하기 위한 단체에 회원으로 활동하는 비율은 여성이 남성보다 훨씬 높았다. 공장이나 핵 사건에 의한 유해가스 배출 같은 환경재해에 맞서 활동하는 단체들의 절반가량은 여성이 이끌고 있다.

하지만 우리가 가부장적 고정관념을 부활시키면서까지 이런 모든 현상을 남녀 간 근본적 차이를 규명하는 증거로 간주해야 할까? 국가 단위 환경단체들은 남성이 쥐락펴락하고, 여성은 타인을 보살피는 일만 전담하란 말인가? 여성이 페미니즘의 이름으로 자신을 괴롭히고 있다는 생각을 못하는 것은 아닐까?

페미니스트 수필가 페기 오렌스테인은 남성이 여성과 동등하게 가사를 분담하지 않으면 가정은 결국 웃음을 상실해, 심지어 '전업주부들'에게도 즐거움을 주지 못한다고 강조한다. 그녀는 "여성은 진정한 평등 관계로 살지 못하면 자신에 대한 존경심과 존재감을 상실했다는 느낌, 세상과 소통할 수 없고 자신의 좌표도 찾을 수 없다는 무능함을 느낄 것"이라고 경고했다.(13) 남성이 번 돈으로 가정을 꾸려가며, 여성이 홀로 살림살이에만 책임질 때 생기는 가정 내 권력의 불균형이 여성과 아이에게 해를 끼치고 있다. 사회적 측면과 환경적 측면을 동시에 고려한 진정한 변화가 일어날 수 있을까?

글 · 재닛 비엘 Janet Biehl

(1) 파울 에를리히, 『인구폭탄: 2000년, 세계 인구는 70억이 된다』, Fayard, Paris, 1972.
(2) 레이첼 카슨, Silent Spring, Houghton Mifflin, Boston, 1962.
(3) 1978년 미국 뉴욕주 나이아가라폴스의 러브캐널에서 후커 케미컬사가 매립한 독성화학물질로 토양오염이 발생, 각종 질병을 유발해 지역 주민의 집단 이주와 함께 환경재난지역으로 선포된 사건.
(4) Donella H. Meadows&Dennis L. Meadows&Jørgen Randers&William W. Behrens III, The Limits to Growth, Universe Books, New York, 1972.
(5) Fritjof Capra, The Turning Point, Simon&Schuster, New York, 1982.
(6) Carol Gilligan, In a Different Voice, Harvard University Press, 1982.
(7) 에블린 피에예, '케어 정책의 대변혁, 기대해도 좋을까?', 〈르몽드 디플로마티크〉 프랑스어판 2010년 9월호.
(8) Mary Daly, Gyn/Ecology: The Metaethics of Radical Feminism, Beacon Press, Boston, 1978.
(9) Jodi Jacobson, 'Women's Work', Third World n° 94/95, McGraw-Hill, New York, 1994년 1월.
(10) 'Gender and the Climate Change Agenda', www.wen.org.uk 참조.
(11) Shannon Hayes, 'Radical Homemakers. Reclaiming Domesticity from a Consumer Culture', Left to Write Press, Richmondville(Etats-Unis), 2010.
(12) 'Are men to blame for global warming?', New Scientist, London, 2007년 11월 10일.
(13) Peggy Orenstein, 'The Femivore's Dilemma', The New York Times, 2010년 3월 11일 자.

존재로서의 여성

2부 리그

선수 자격증을 보유한 프랑스 운동선수 중 여자 선수의 비율은 1962년 17%에서 2010년 37%로 증가했다. 하지만 이로써 스포츠계의 성차별이 사라진 것은 아니다. 비경쟁 멀티스포츠 종목에서 특히 높은 비중을 차지하는 여자 선수들은 임금과 인기 면에서 큰 불평등을 겪고 있다.

선수 자격증을 보유한 여자 선수의 4% 미만이 속한 종목인 권투가 대표적인 예다. 안소피 마티스는 여자 권투 세계 챔피언을 무려 8차례 석권했다. 하지만 그녀는 거의 무명 선수나 마찬가지다. 2010~2015년 방영된 TV '스포츠' 뉴스에서 여자 선수들의 경기 결과에 할애한 분량이 전체 방송의 6%에 불과했기 때문이다.

여자 선수들의 경기 보도에 익숙하지 않은 스포츠 기자들(92%가 남성)은 종종 부적절한 해설을 하기도 한다. 2006년 여자 권투 세계 챔피언 결승전을 중계하던 아나운서는 "여자 권투 선수도 남자 선수와 다를 바 없이 남자 선수와 함께 훈련하기도 합니다!"라고 말했다.

남자 선수와 다를 바 없다? 전혀 그렇지 않다. 여자 권투 선수가 세계 챔피언에 등극했을 때 받는 상금은 남자 챔피언이 받는 상금의 1/10밖에 불과하다. 안소피 마티스는 세계 챔피언 결정전을 위해 훈련하는 동안 "최저소득보조금(RMI), 아르바이트, 실업 수당으로 연명했다. 정상급 운동선수가 누리는 스폰서 계약을 한 번도 체결한 적이 없기 때문이다".(〈France Culture〉, 2016년 7월 10일) 2007년이 되어서야 여자 프로 리그가 탄생한 축구의 상황도 별반 다를 바 없다.

글 · 엘렌 리샤르

Mirion Malle, 『Commando Culotte, 팬티 특공대』, Ankama, 2016

〈왕좌의 게임〉에서 〈러브 액츄얼리〉, 표현의 중요성에서 강간 문화에 이르기까지, 미리옹 말르는
'대중문화'와 가부장제에 대한 비유를 교육적이고 유머스럽게 해부한다.

여자 아구팀(여자 아구팀이라니!)에 대한 이야기인 〈그들만의 리그〉 이후 여자야구팀 가입률이 급증한게 놀랍군가?

여성으로서 늙어간다는 것

쥘리에트 렌 Juliette Rennes

사회학자. 1976년생. 파리고등사회과학원(EHESS)의 조교수.
주된 연구주제는 젠더 및 성차별 문제이며, 주요 저서로 『신체, 섹슈얼리티, 사회관계』(La Découverte, 2016) 등이 있다.

2016년 4월, 스위스에서 한 80대 여성이 자살하기 위해 도움을 요청했다(그리고 도움을 얻어냈다). 주치의의 설명에 의하면, "외모에 아주 많은 신경을 쓰는" 그 여성은 늙어가는 것을 견딜 수 없었기에 이 같은 선택을 했다고 한다. 특히 나이 들어가는 여성들에게 가해지는 특별한 낙인의 징후를 참을 수 없었다는 것이다. 오랫동안 페미니스트들이 들여다보지 않았던 이 문제를, 프랑스에서는 두 명의 인물이 직시했다. 브누아트 그루와 테레즈 클레르크, 이 두 사람은 모두 얼마 전에 세상을 떠났다.

왜 여성들은 자신의 나이에 대해 남성들보다 더 많은 거짓말을 할까? 수전 손탁은 이 사소한 질문을 가지고 1972년 자칭 '나이 드는 것에 대한 이중적 기준'(1)에 관한 연구에 착수했다. 손탁은 이성을 유혹하는 데 있어서 남성에게는 두 가지 모델 즉 '젊은 남자'와 '성숙한 남자'가 존재하는 반면, 여성에게는 단 하나의 모델, 즉 '젊은 여자'만이 존재한다고 말했다. 그래서 특히 중산층 이상의 여성들은 젊은 외모를 유지하기 위해 점점 더 많은 에너지(가능하다면 돈)를 소비한다. 하지만 나이 들어가는 여자들의 가치가 하락하는 이유가, 비단 젊음이라는 아름다움의 기준에서 멀어지기 때문일까?

손탁은 여성들이 "진실을 말하고", "자신이 살아온 인생을 얼굴에 그대로 보여줌으로써" 그리고 '젊음'이라는 기준에서 해방되면서 무엇을 얻을 수 있는지 보여줬다. 손탁의 글이 발표된 무렵, 북아메리카와 서유럽에서는 페미니즘 운동이 열기를 띠고 있었다. 하지만 1970년대에 나이와 노화에 대한 페미니즘의 접근은 부차적인 수준이었다. 사람들의 요구사항은 출산 제한, 일, 이동의 자유 또는 자신의 성을 영위할 수 있는 자유에 초점이 맞춰졌다. 프랑스에서는 2000년대가 돼서야 성차별주의와 노인차별주의의 관계에 대한 분석이 이뤄졌을 뿐이다.

〈흑마술〉, 2015

2016년 각각 96세와 88세의 나이로 세상을 떠난 브누아트 그루와 테레즈 클레르크는 자신들의 노화를 페미니즘 관점에서 정치화하려고 했던 사상가이자 행동가였다.

브누아트 그루는 파리 디자인 및 패션계에서 활동하던 부유한 자유주의 기업가 부부의 딸이었고, 테레즈 클레르크는 상업에 종사하던 가톨릭 전통주의 중산층 가정의 자녀였다. 문학 학사학위를 취득한 그루는 교사로 일하다가 기자가 됐고, 여성용 모자 제조 교육을 받은 클레르크는 주부가 됐다. 그럼에도 이 둘에게는 인생의 첫 번째 단계가 공통적으로 집안일과 양육(그루는 3명의 자녀, 클레르크는 4명의 자녀가 있음)의 무게, 일상의 어떤 외로움 그리고 새로운 임신 가능성에 대한 불안함으로 점철된 시기였다고 회상한다. 특히나 그루의 경우, 반복된 불법낙태로 임신에 대한 두려움이 배가된 상황이었다. '르네상스'로 정의되는 이들 인생의 2막은 페미니즘의 발견과 폭넓게 연결돼 있다.

남편을 떠난 테레즈 클레르크는 41세에 생계를 위해 백화점의 점원으로 취직했다. 여성해방운동(MLF)이 확산되던 시기, 클레르크는 부부라는 틀 밖에 존재하는 사랑과 성적 즐거움을 발견하게 되고 종교에서 멀어졌다.(2) 그리고 아이들과 함께 살았던 몽트뢰유에서 페미니즘과 관련한 지역 유명인사가 됐다. 1997년 클레르크는 몽트뢰유에 페미니스트들의 상호교류와 폭력 피해여성을 수용하기 위한 공간을 만들었는데, 2016년에 그곳은 '테레즈 클레르크-여성'의 집이라는 새로운 이름을 가지게 됐다.

브누아트 그루는 1950년대에 자신의 세 번째이자 마지막 배우자인 기자 폴 기마르를 만나게 되고, 페미니즘 사고를 하고 있던 남편의 격려에 힘입어 글을 쓰기 시작했다. 후에 그루는 여성 운동과 관련된 여러 출판물을 읽으며 지난날 자신의 존재를 지배해왔던 기준들을 자각하게 됐다. 1975년 출간된 『그녀의 뜻대로 이루어지소서(Ainsi soit-elle)』에서는 자신이 받은 부르주아 여성교육에 대한 비판과 전 세계 성 불평등에 대한 연구 총론을 섞어 놓았다. 1백만 부 이상이 팔린 이 책은, 대부분 여성해방운동의 변방에 머물러있던 50대와 여성해방운동의 젊은 활동가들 모두에게 이야기를 전하고 있다.(3)

본인의 표현을 빌리자면 55세에 "직업 페미니스트"의 길로 내던져진 브누아트 그루는 여성

권리의 제도적 신장을 위한 운동에도 가담했다. 1984년에서 1986년, 직업명, 계급명, 직무명의 여성화를 위한 위원회 대표를 지내고 1990~2000년대 정치계의 양성평등을 위한 투쟁을 지원했다. 기자이자 수필가, 성공한 소설가로서 계절에 따라 파리의 아파트나 브르타뉴 또는 프로방스의 집에서 생활하던 2000년대의 브누아트 그루가 속한 세계는 테레즈 클레르크가 속한 곳과는 달랐다. 테레즈 클레르크는 몽트뢰유의 작은 아파트에서 검소하게 살며 절대자유주의 및 노동자 자주주의 사상을 주장했다. 그러나 여성의 권리를 위한 이들의 헌신은, 이 프리즘을 통해 두 사람 모두에게 자신의 나이에 대해 자문하게끔 했다.

1986년부터 '존엄하게 죽을 권리를 위한 연합'에서 활동한 브누아트 그루는 자신의 몸을 자유롭게 처분할 수 있는 권리와 관련해 안락사 투쟁과 페미니즘 투쟁을 연결했다. 노화와 과부생활에 맞서, 쾌락적 관계를 유지하기 위해 어떻게 자신의 존재에서 쾌락을 재발견해내야 했는지 최대한 객관화하려 노력하면서 실제 경험을 토대로 한 가지 윤리를 만들어냈다. 세계의 정치사회적 변화에 대한 끊임없는 호기심, 일상에서의 감각적 쾌락 추구, 시간에 따른 신체변화의 대가로 또 그 변화에 적응하기 위해 쏟아 부은 육체적 노력에 대한 본능적인 욕구, 경치나 농촌, 바다 감상을 위한 안목까지 거론했다.(4)

건강한 여성은 일상적 활동, 삶의 공간에 대한 선택에 관해 마지막까지 자신의 의지를 피력할 수 있지만, 만일 우리가 평범한 행위를 완수할 수 없는 상황에 다다랐을 경우에는 어떻게 늙어가야 하는가? 우리 몸이 쇠약함과 이상 징후를 다량으로 내보내기 시작할 때, 페미니즘과 자신의 몸을 처분할 자유에 대한 생각이 무엇을 할 수 있는가?

테레즈 클레르크는 예순의 나이에도 일하고 손자들을 돌보는 동시에, 중병을 앓고 있는 자신의 어머니를 5년간이나 돌봐야 했다. 자손들이나 부모세대를 동시에 책임지고 있는 사람들, 특히 여성들에게 이런 종류의 시련은 드문 일이 아니다. 자식들이 다시 자신을 책임져야 하는 상황을 피해야 한다는 생각은 1990년대 말 테레즈 클레르크가 '바바야가(러시아 동화에 나오는 마귀할멈-역주)의 집'을 고안하게 된 여러 동기 중 하나였다. 입주자들 간의 상부상조와 연대를 기본으로 하는 이 자율 운영방식의 양로원 프로젝트는, 오랫동안 주부 또는 파트타임

노동자였으며, 얼마 안 되는 연금으로 생활하는 테레즈 클레르크 세대의 여성들을 위해 고안
됐다. 2012년 설립된 '바바야가의 집'은 설립자가 꿈꾸던 모든 것이 실현되지는 못했지만(새
로운 주택의 할당은 입주자들이 아닌 공공 임대인에 의해 이루어졌다), 활동가들의 무대로 자
리매김했다. 노화에 대한 투쟁과 관련 지식을 공유하는 시민대학 '위니자비(Unisavie)'도 이곳
에서 출범했다. 위니자비에서는 자율경영, 사회 및 연대 경제, 페미니즘, 이주민의 노년 그리
고 노인들의 성에 관해 토론한다.

늙어가는 육체를 무대에 올리다

　2005년 브누아트 그루는 한 다큐멘터리에서 우리가 나이 들고 있다는 사실을 깨닫게 되는
흔한 경험을 소개했다. 먼저 그루는 다른 이들의 시선을 통해서 자신이 늙어간다고 깨닫게 됐
다. 하지만 정작 그 자신은 "예전의 나와 똑같고, 오히려 어떤 면에서는 더욱 에너지가 넘친
다"고 느끼고 있었다. 그럼에도 브누아트 그루는 자신을 향한 다른 사람들의 태도가 변하는
것을 경험했다. 이는 무관심과 연민의 형태로, 심지어는 대놓고 무시하는 수준으로 발전해갔
다. 일상적인 사회생활에 있어서 자신이 더 이상 제자리를 찾지 못한다고 느낀 것도 사람들의
말과 행동을 통해서였다. 그리고 그루는 이미 사회생활이 보이지 않는 나이 제한에 따라 이뤄
지고 있다고 자각하고 있던 터였다. 자신이 속한 세계 즉, 동년배의 남성들은 훨씬 어린 여성
들과 짝을 이루고 있는 문학계, 공연계 그리고 정치계에서 브누아트 그루는 마치 일종의 낙인
같이 자신의 외모가 늙기 시작했음을 느꼈다. 동갑인 남편은 물론 이런 경험에서 아직 자유
로웠다. 룰을 바꿀 수 없다는 사실에 무력감을 느낀 그루는 리프팅 시술의 도움을 받기로 결
심한다. "페미니스트들이 왜 의학발전의 권리를 누리지 못하는지 이해할 수 없다. 아름다움에
대한 관심이 페미니즘에 반하는 것도 아닌데 말이다"라고 자신을 정당화하기도 했다.(5)
　한편, 테레즈 클레르크는 브누아트 그루와 달랐다. 클레르크의 세계 속에서는 주름이 남성
들이나 여성들을 유혹하는데(테레즈 클레르크는 양성애자다—역주) 있어 별다른 장애물로 작

용하지는 않는 듯했다. 주위 사람들에게 더욱 매력적으로 보이는 얼굴을 가져야 한다는 브누아트 그루의 열망을 클레르크 역시 가지고 있었을 것이다. 하지만 클레르크는 모든 여성들이 피부를 살리기 위해 의술의 도움을 받을 수 있는 경제적 여건이 되지 않는다는 사실 역시 덧붙였을 것이다. '바바야가의 집'에서 '아름다움'은 더 이상, 집단교류의 장에서 주목받기 위해, 무대 뒤에서 개인적으로 동원하는 자신만의 테크닉이 아니었다. 테레즈 클레르크는 늙어가는 신체를 무대에 올리는 예술작품에 관심이 있었고, 노년을 주제로 한 최고의 영화들을 선보이는 〈지팡이(cannes) 영화제〉를 기획하고자 하는 목표가 있었다. 클레르크는 바바야가 회원 여러 명과 함께 〈늙은 피부〉라는 도발적인 제목의 안무에 참여했는데, 이 안무로 아주 나이 든 사람들의 일상을 표현하는 춤사위를 선보였다.(6)

클레르크는 단지 나이의 흔적을 가리기 위한 목적이 아닌, 나이든 여성의 몸을 더 아름답게 만들 수 있는 옷과 향수, 보석에 대해서도 고민했다. 2015년 10월에 클레르크는 몽트뢰유 유제니 코통 고등학교에서 응용예술을 공부하고 있는 학생들과 함께 '바바야가 회원'들을 모델로 세운 패션쇼를 공동기획했다. 파리 상티에르 구역의 도매업자들이 버린 넥타이 자투리로 학생들이 만든 컬러풀하고 반짝이는 풍성한 드레스를 테레즈를 포함해, 80세 이상의 여성들이 입고 나왔다. 장난기와 자조가 섞인 감정으로 이 여성들은 모델들의 전형적인 워킹을 흉내 냈다. 그 여성들은 활동하기에는 너무 늙어버렸지만, 패션쇼를 통해 자신들에게 매혹당하고 마음을 빼앗긴 모든 나잇대의 관객들의 시선 아래 기성 규범들을 조롱했다.

일반적으로 자신의 노화를 감추지 않거나 (아직도) 욕망을 가진 여성은 남성보다 더 사람들을 불편하게 하거나 혐오감을 주기까지 한다. 이런 관습과 선입견을 극복하기 위해서 우리는 "욕망을 가진 노년여성들"(7)이 필요하다. 그동안 숨어 지내라고 강요받았던 벽장 속에서 밖으로 나올 수 있는 여성들 말이다. 테레즈 클레르크는 전투적인 활동, 노년의 비참함을 가리키는 모든 종류의 완곡어법에 대한 거부, 노인들의 성에 대한 자신만의 명료한 기준, 세상을 바꾸고자 하는 에너지를 통해 나이의 이치라는 기성질서에 대항하는 선동가였다. 조금 더 젊은 사람들에게는 앞으로 다가올 낯선 단계, 즉 노년에 대해, 내적 불안 속에 담긴 일종의 호

존재로서의 여성

Alison Bechdel, 『Fun Home』, Denoël, 2006

앨리슨 벡델은 자시의 회고록 격인 이 희비극에서 어린시절을 되돌아보며 아버지와의 관계와 다수의
문학 작품을 통해 본인의 동성애 성향을 발견한 이야기를 들려준다.

나는 현실감각을 상실했다.
사전조차 에로틱한 책이 되고 말았다.

어렸을 때 읽었던 책들이 순전히 프로파간다로 밝혀지거나...

포르노그래피인것으로 밝혀졌다... 페미니즘에 눈을 뜨자 모든 것이 다르게 보였다.

기심 또는 욕망을 전달하기도 했다.

하지만 클레르크는 쇠약해지는 신체의 한계나 마지막 순간이 가까워지고 있다는 두려움을 절대로 부인하려 하지는 않았다. 작가인 브누아트 그루는 자신의 경험을 문학적으로 풀어낸 반면, 테레즈 클레르크는 노년의 의미를 정치적으로 해석했다. 클레르크는 '한창 나이인' 성인들을 속박하는 몇 가지 사회규범들에 의문을 제기할 특권이, 사회적 가치가 떨어진 노년에 있음을 깨달았다. 클레르크는 노년의 시기가 구체적인 사건들을 통해 사회의 노인차별주의 구조에 도전하고, 활동/비활동, 고능률/취약함, 자립/의존 같은 이원주의 구조를 재검토하기 적절한 순간이라 여겼다.

물론 이러한 재검토 작업은 쉽지 않을 것이다. 우리 중 일부라도, "나이를 먹는다"는 생각과 더불어, 그에 대한 다른 견해까지도 받아들일 수 있다면, "승차권이 더 이상 유효하지 않은"(8) 사람들을 수용하는 사회비판의 공간들이 여전히 변방에서만 발전해야 할 이유가 있을까.

글 · 쥘리에트 렌 Juliette Rennes

(1) Susan Sontag, 'The double standard of ageing', The Saturday Review, New York, 1972.9.23.
(2) Cf. 특히, Danielle Michel-Chich, Thérèse Clerc, Antigone aux cheveux blancs(테레즈 클레르크, 백발의 안티고네), Editions des femmes, Paris, 2007.
(3) Benoîte Groult, Mon évasion(나의 도피), Grasset, Paris, 2008/ Une femme parmi les siennes. Entretiens avec Josyane Savigneau(그녀의 것들 가운데 한 여성. 조지얀 사비뇨와의 인터뷰), Textuel, Paris, 2010.
(4) Cf. Catel, Ainsi soit Benoîte Groult. Récit graphique(브누아트 그루의 뜻대로 이루어지소서. 그래픽 스토리), Grasset, 2013/ Benoîte Groult, La Touche Étoile(별표), Grasset&Fasquelle, 2006.
(5) Anne Lenfant 감독 다큐멘터리, Vieillir ou le désir de voir demain in Une chambre à elle. Benoîte Groult ou Comment la liberté vint aux femmes(〈그녀의 방. 브누아트 그루 또는 자유가 어떻게 여성들에게 왔는가〉 중 '늙어가는 것, 또는 내일을 보려는 욕망', 2005).
(6) Frédéric Morestin&Pascal Dreyer, 'Vieilles peaux: exploration en terre utopique(늙은 피부: 유토피아 세계 탐구)', Gérontologie et société, n° 140, Paris, 2012.
(7) Rose-Marie Lagrave, 'L'impensé de la vieillesse: la sexualité(노년이 말하지 않는 것: 성)', Genre, sexualité&société, Paris, 2011년 가을호.
(8) Romain Gary, Au-delà de cette limite, votre ticket n'est plus valable(이 경계를 지나면 당신의 승차권은 유효하지 않다), Gallimard, Paris, 1975.

존재로서의 여성

더 큰 여성해방, 본성을 해방하라

에마 골드만 Emma Goldman

여성해방운동가. 미국에서 수차례 감금된 적 있는 에마 골드만은 1917년 러시아로 망명했다.
20년 뒤 그녀는 스페인에서 파시즘과 투쟁했다. 20세기 유럽 초기 혁명의 증인인 무정부주의자 에마 골드만은
어느 정도 낡은 관념을 표방하긴 했으나, 남녀평등을 위한 투쟁 계승자들을 매번 앞서갔던 열렬한 페미니스트였다.

먼저 나는 내가 주장하려는 바를 말하고 싶다. 모든 정치·경제 이론, 계급과 인종 간 차이, 여성의 권리와 남성의 권리 간 인위적 경계가 없는, 오히려 서로 다른 점들이 잘 어울려, 또 하나의 완전한 개체를 완성하는 지점이 있다는 사실을 말이다.

평화와 조화를 위해 반드시 개인 간의 피상적 균등화가 필요한 것은 아니다. 남녀 간, 개인 간 평화와 조화를 이루기 위해 개인 간 특성을 제거할 필요는 없다는 것이다. 현재 우리가 고찰하고 해결해야 할 문제는 자신의 정체성을 지키면서 타인과 화합하는 것, 타인과 깊은 교류를 하면서도 자신의 고유한 특성을 유지하는 것이다. 이는 대중과 개인, 진정한 민주주의와 진정한 개인주의, 그리고 남성과 여성이 그 어떤 적대감이나 갈등 없이 만날 수 있는 방법에 관한 것이다.

관건은 용서가 아니라, 이해다. 마담 스타엘이 자주 인용하는 "모든 것

〈에마 골드만. 여성과 남성은 정복자와 피정복자가 아니라며 적대적 이원론의 극복을 강조했다.〉

을 이해하는 것은 모든 것을 용서하는 것이다"라는 말은 내게 감흥을 주지 못했다. 타인을 용서하는 것은 바리사이(Pharisees · 기원전 1세기-기원후 1세기, 극도로 엄격한 율법 해석과 실천을 내세우던 유대교 학파 또는 그 학파에 속한 사람들-역주)의 권위 같은 우월한 개념을 연상시킨다. 이해만으로도 충분하다. 이는 여성해방에 대한 내 견해와 모든 여성에 대한 여성해방의 영향을 부분적으로 구현하는 말이다.

관건은 균등화가 아닌, 평화와 조화

여성해방은 여성에게, 진실로 인간적인 존재가 될 가능성을 부여한다. 자기 확신과 활동에의 요구는, 가장 완전한 자기 자신의 표현으로 귀결될 것이다. 따라서 우리는 보다 큰 자유로 가는 길목에 잔재하는 굴종의 시대와 노예제도의 흔적을 제거해야 한다.

이는 여성해방운동의 본래 목적이었다. 그러나 현재까지의 결과를 보면, 이 목적이 오히려 여성을 고립시키고 여성에게서 행복을 앗아갔다. 외적 해방은, 현대의 여성을 기하학적 형태로 길러진 화초처럼 인공적인 존재로 만들어버렸다. 소위 '지성인'들 중에 이런 '인공적 여성'이 많다.

"여성에게 자유와 평등을!" 고상하고 용감한 현대의 지성인들이 이 말을 처음 던졌을 때, 그 때 느꼈던 희망과 열망은 형언할 수 없다. 여성 스스로가 운명을 개척해가는 새로운 세계에, 태양이 찬란한 빛을 발하며 영광스럽게 떠오를 것이다. 이는 편견과 무지로 부패한 세계에 맞서기 위해 모든 위험을 무릅쓰는 선각자들의 열정, 용기, 인내, 끊임없는 노력에 부합한 목적이다. 그러나 여성노동자들은 가정에서의 편견과 구속을, 공장에서의 편견과 구속으로 맞바꿨을 뿐이다. 그 결과, 여성들은 과연 어떤 독립을 쟁취했는가?

내 희망은 해방을 지향한다. 그러나 현재 여성해방은 완전히 실패한 상태다. 여성이 진실로 해방되기를 원한다면, 먼저 해방으로부터 해방돼야 한다. 역설적으로 들리겠지만, 이것이야말로 적확한 표현이다. 여성해방을 통해 여성은 무엇을 얻었는가? 일부 국가에서의 참정권이

존재로서의 여성

다. 이 결과로 수많은 여성투표 주창자들이 예언했듯, 정치권이 정화됐는가? 답은 물론 'No'다. 지금이야말로, 건전하고 명확한 사고력을 가진 이들이 보수적인 어투로 '정치계의 부패'에 대해 말하는 것을 중단해야 할 때다. 정치계의 부패는 다양한 정치권 인사의 윤리, 또는 도덕적 해이와는 무관하다. 부패의 원인은 순전히 물질적인 것이다. 정치는 '주는 행복보다는 취하는 행복이 더 크다', '헐값으로 사서 비싸게 되팔아라', '더러운 손이 다른 손을 깨끗하게 한다' 등의 원칙이 통하는 상업적 논리를 반영한다.

행복의 근원을 빼앗아간 해방?

여성해방은 여성에게 남성과 동등한 경제적 위치를 부여했다. 여성이 직업을 선택할 수 있게 된 것이다. 그러나 과거와 현재의 교육은 여성에게 경쟁력을 부여하지 못했다. 따라서 여성은 시장에서 원하는 수준에 도달하기 위해, 매번 모든 에너지를 쏟아야만 한다.

게다가 남성과 동등한 위치에 도달한 여성은 소수에 불과하다. 여교사, 여의사, 여성 건축가, 여성 엔지니어들이 동일 직종의 남성들과 동일한 수준의 신뢰도, 보수도 받지 못한다는 것은 모두 아는 사실이다. 이런 '가짜 평등'에 도달한 여성들은 대부분 육체적·정신적 희생을 담보로 했다. 대다수의 여성노동자들에게 변화라고는, 그들이 편견과 구속을 받는 장소가 가정에서 공장, 상점, 사무실 등으로 바뀐 것이 전부다. 그 결과, 여성들은 과연 독립을 쟁취했는가? 많은 여성들이 고된 일과를 마친 후 따뜻하게 반겨줄 이 한 명 없는 집으로 돌아가야 한다. 이를 진실로 영광스러운 독립이라고 할 수 있는가?

수백 명의 젊은 여성들이 계산기와 재봉틀, 타자기로 '독립'을 이어가는 데 지친 나머지, 결혼을 돌파구로 여기는 것은 전혀 놀라운 일이 아니다. 이는 중산층의 젊은 여성들이 부모의 속박에서 벗어나기 위해 결혼을 선택하는 것과 별반 다르지 않다. 간신히 밥벌이를 하는 수준의 독립생활은 그다지 행복하지도, 이상적이지도 않다. 즉 큰 목소리로 여성에게 독립생활에의 환상을 심어주는 것은, 사랑과 모성이라는 여성의 본능을 억누르려는 방편, 그것도 별반 효과적이지 못한 방법에 불과하다.

〈앨리스의 장미〉, 2022

여성독립과 여성해방에 대한 편협한 기존의 개념들, 여성이 지닌 사회적 지위가 남성과의 사랑을 가로막게 할지도 모른다는 우려, 사랑이 여성에게서 자유와 독립을 앗아갈 수 있다는 두려움, 사랑과 모성의 기쁨이 일하는 데 방해가 될 수 있다는 불안 등의 감정은 해방된 현대여성에게 독신을 강요한다. 그리고 그렇게, 삶은 지나간다.

사랑을 두려워할 때 해방은 없다

여성해방은 연인이나 아내로서의 여성, 어머니로서의 여성의 감정을 마음껏 표출하기에는 너무나 좁은 비전을 제시한다. 이는 여성해방을 추구하는 여성들 대부분이 느끼는 바다. 경제적으로 독립한 현대여성은 지식적인 측면에서 이전 세대의 여성을 앞서간다. 그러나 이로 인해 본질적인 삶의 결핍을 느낀다. 다름 아닌 사랑의 결핍을 느끼는 것이다. 인간의 영혼을 풍요롭게 하는 유일한 것은 사랑이다. 그러나 많은 여성들이 사랑의 결핍으로 인해, 일하는 로봇이 돼버렸다. 기존 제도를 파괴하고, 보다 진보적인 제도로 대체하려는 운동에는 지지자들이 있다. 지지자들은 이론적으로는 근본적인 사상을 옹호하지만, 일상에서는 평범한 속물에 불과하다. 그들은 존경을 갈구할 뿐이다. 그들은 "소유는 절도"라고 주장하면서, 누가 자신의 머리핀 하나만 가져가도 분개한다. 그리고는 자신이 '사회주의자', 나아가 '무정부주의자'라고 주장한다.

여성의 자유와 남성의 자유, 깊은 연관성

여성해방운동가들 중에도 이런 속물들이 있다. 신출내기 기자와 삼류 문인들은 해방된 여성의 모습을 왜곡시켰다. 예를 들어 조르주 상드 같은 여성해방운동가들이 마치 도덕성을 결여한 것처럼 묘사한 것이다. 따라서, 여성해방은 반사회적인 삶, 부도덕하고 방탕한 삶, 사치스러운 삶과 동의어가 돼버렸다. 여성의 권리를 주장하는 여성들은 이에 분노한다. 그리고 이런 여성해방운동가들에 대한 인식이 왜곡됐다는 것을 증명하기 위해 에너지를 쏟는다. 여성이 남성의 속박 아래서 신음하던 동안, 여성은 선량할 수도 순수할 수도 없었다. 그러나 여성이 자유와 독립을 쟁취했을 때 얼마나 선량할 수 있는지, 그리고 여성의 영향력이 사회의 모든 기관을 정화하는 효과가 있는지 여성해방운동가들은 증명하려 했다.

진정한 해방으로 가는 위대한 노정에서 자유를 직시할 수 있는 여성은 발견되지 않았다. 여성들은 청교도적이고 위선적인 관점으로 남성을 방해자로 여기거나, 의혹의 눈초리로 바라보며 자신의 사생활에서 추방해버렸다. 남성을 아이의 아버지로 용인한 것은, 아이 아버지가 없으면 살기 어려운 현실 때문이었다. 다행히 엄격한 청교도적 시선도 모성이라는 선천적 열망을 없앨 수는 없었다. 그러나 여성의 자유는 남성의 자유와 밀접하게 연관돼 있다. 해방된 많은 여성동지들은 자유 속에서 태어난 아이가 사랑과 헌신을 원한다는 사실을 간과한 듯하다. 아이 자신을 둘러싼 남자와 여자, 모든 사람들의 사랑과 헌신을 말이다. 현대 여성과 남성의 삶에서, 비극은 인간관계에 관한 이런 편협한 개념에서 비롯된다.

관대함은 화합으로 이끈다

여성들은 종종 풍부한 지성과 아름다움을 갖출 것을 강요받곤 한다. 현대여성들은 이런 속성이 자신의 존재를 온전히 드러내는 데 걸림돌이 된다고 생각한다. '죽음이 갈라놓을 때까지'라는 고대 성경 속의 결혼 문구가 여성에 대한 남자의 주권, 즉 남자의 변덕과 명령에 대한 여성의 절대적 복종, 여성의 완전한 의존을 함축하는 장치라는 사실이 알려진 지 한 세기도 더 지났다. 기존의 부부관계가 여성을 남자의 종으로, 출산의 도구로 전락시켰다는 사실은 끊임없이 그리고 명백하게 증명돼왔다. 그러나 우리는 해방된 여성들 중 상당수가 여성의 본성을 훼손하고 구속하는 도덕적·사회적 편견 때문에 고립된 독신생활을 견디는 것보다, 많은 단점에도 불구하고 결혼을 선호하는 것을 봐왔다.

여성들은 이 사실을 명심하자. 여성의 자유는 여성 스스로 해방되는 능력을 향유할 수 있는

존재로서의 여성

곳까지 확대된다는 사실 말이다.

수많은 진보적 여성들이 이런 모순에 부딪히는 것은 해방이 의미하는 바를 제대로 이해하지 못하기 때문이다. 진보적 여성들은 스스로 외부의 압박에서 자유로워짐으로써 모든 것을 성취했다고 생각한다. 그러나 윤리 · 사회적 관습, 개인의 삶과 성장에 훨씬 위험한 내부적 압박은 그대로 방치했다. 이런 것들은 과거 여성들의 머리와 마음에 새겨진 것만큼이나, 가장 활동적인 여성해방운동가들의 머리와 마음에도 똑같이 큰 자리를 차지했다. 이런 내부의 압제자들이 여론 형태로 나타나든, 혹은 엄마 · 숙모 · 이웃 · 아빠 · 고용주 혹은 징계위원회가 말하는 형태로 나타나든 상관없다.

이런 모든 부조리에 저항하고, 감시자에게 대항하고 자기 영역에서 굳건히 설 수 있어야 해방된 여성이라 할 수 있다. 또한 삶의 가장 큰 선물인 사랑할 자유, 여성 고유의 능력인 출산의 자유를 거리낌 없이 주장할 수 있어야 해방된 여성이라 할 수 있다.

한 현대소설가는 해방된 여성의 이상형을 자신의 책에 묘사했다. '그 이상적인 해방여성'은 젊은 여의사로, 가난한 이웃들에게 무료로 약을 제공하는 자애로운 이웃이자 자녀들에게는 지혜로운 어머니다. 소박하고 실용적인 옷차림을 즐기는 그녀는 지인인 젊은 남성에게 박테리아와 바이러스를 전멸시키는 방법에 대해 설명한다. 마루와 벽을 돌로 만들고, 양탄자와 커튼을 없애면 가능하다는 것이다. 그녀의 해박한 지식에, 남성은 처음에는 위축되지만 차츰 호감을 느끼게 된다. 두 젊은 남녀는 서로 호감을 느끼지만, 시종일관 담백한 관계를 유지한다. 로맨스라고는 없는 두 사람의 관계는 선을 넘지 않는다.

그러나 나는 솔직히 그 여의사가 꿈꾸는 돌벽과 돌마루처럼 차디찬 남녀간의, 이 '새로운 아름다운 관계'를 전혀 위대하다고 느끼지 않는다. 이런 단정함과 질서정연한 명료함보다는 낭만주의 시대의 로맨틱한 발라드, 돈 주앙, 달밤의 납치극, 줄사다리, 아버지의 저주, 어머니의 탄식과 분개한 이웃의 소란스러움이 더 매력적이다. 어떤 제약 없이 자연스럽게 오가는 감정이 아니라면, 그것은 사랑이 아니라 손익을 염두에 둔 거래에 불과한 것이다.

적대적 이원론을 극복해야 완성된다

구원은, 미래를 향해 힘차게 발을 내디딜 때 찾아온다. 우리에게 필요한 것은 낡은 전통과 구시대의 관행을 던져버리고 전진하는 것이다. 여성해방운동은 이런 방향의 첫걸음을 내딛은 것에 불과하다. 여성해방운동은 그 두 번째 걸음을 내딛기 위해 충분한 힘을 비축해야 할 것이다. 동등한 시민투표권 행사는 바람직한 요구사항이지만, 진정한 해방이 시작되는 곳은 투표장이나 법정이 아니다. 다름 아닌 여성의 영혼이다. 역사는 말한다. 피지배자들이 지배자에게서 진정으로 해방된 것은, 어떤 시대에나 그들 자신의 노력에 의한 것이었음을. 자유는 스스로 '자유로워질' 능력이 있을 때 주어진다는 교훈을 새길 필요가 있다. 그러려면 내부 개혁, 곧 편견과 전통, 관습의 무거운 짐을 벗어버려야 한다. 삶의 모든 영역에서 남성과 동등한 권리 요구는 물론 정당한 것이다.

그러나 무엇보다 중요한 것은 사랑하고 사랑받을 권리다. 부분적인 여성해방이 여성의 진정하고 완전한 해방이 되려면, 여성으로서 사랑받고, 아내가 되고 어머니가 되는 것이 노예가 되고 종속되는 것이라는 우스꽝스러운 공식을 버려야 한다. 여성은 남녀이원론이란 불합리한 개념을 버려야 한다. 남성과 여성이 적대하는 두 개의 세상을 형성한다는 이원론적 관념에서 벗어나야 한다는 것이다.

편협함은 분리를 낳지만, 관대함은 화합으로 이끈다. 좀 더 너그럽고 관대해지자. 여성과 남성은 정복자와 피정복자가 아니다. 관계를 형성하는 것은 무한한 헌신이다. 헌신은 스스로를 한층 풍부하게 하고 확신을 주며, 보다 나은 방향으로 이끈다. 이런 태도만이 공허한 마음을 채워주고 여성운동의 비극적인 결과를 무한한 기쁨으로 승화시킬 것이다.

글 · 에마 골드만 Emma Goldman

※ 에마 골드만이 1906년에 쓴 이 글은 무정부주의자인 E. 아르망의 번역으로 2003년 잡지 〈아곤(Agone)〉에 게재됐으며, 〈르몽드 디플로마티크〉의 자매지인 격월간 〈마니에르 드 부아르(Manière de voir)〉 2011년 8 · 9월호에 재수록됐다.

결혼 14주년

나이지리아와 미국을 오가며 생활하는 소설가 치마만다 응고지 아디치에는 2012년 한 강연에서 그녀가 바라본 양국의 성 불평등에 대해 이야기 했다.

내 미국 친구 한 명은 광고업계에서 일하는 고액 연봉자로 팀에 두 명밖에 없는 여직원 중 한 명이다. 어느 날 회의를 하던 도중 상사가 내 친구의 의견은 무시하더니 내 친구와 거의 같은 의견을 낸 남자직원에게는 칭찬을 했다. 내 친구는 상사에게 그 이유를 따져 묻고 싶었지만 참았다. 대신 회의가 끝나자마자 화장실로 달려가 울다가 내게 전화를 걸어 하소연을 했다. 그녀가 침묵을 지킨 이유는 공격적으로 보이고 싶지 않았기 때문이다. 그렇게 그녀는 억울함을 속으로 삭였다.

그녀뿐만 아니라 많은 미국인 여자 친구들이 '호감 가는' 사람이 되려고 애쓰는 것을 보고 나는 무척 놀랐다. 그녀들은 호감을 얻는 것은 매우 중요한 일이고 호감 가는 성격은 구체적으로 정해져 있다고 배우며 자랐다. 화를 내거나 공격적이거나 혹은 너무 단호한 반대를 하는 것은 호감 가는 성격의 속성에 포함되지 않는다.

우리는 여자아이들에게 남자아이들이 그들을 어떻게 생각하는지 신경 쓰도록 가르치는데 너무 많은 시간을 할애한다. 하지만 그 반대로는 하지 않는다. 남자아이들에게는 호감가는 사람이 되라고 가르치지 않는다. 우리는 항상 여자아이들에게만 화를 내서는 안되고 공격적이거나 거칠게 굴지 말라고 가르친다. 이 자체만으로도 심각한 문제지만 더 큰 문제는 남자아이들이 이렇게 행동하면 오히려 칭찬하거나 용서해주는 것이다. 여자가 남자에게 매력적으로 보이고 남자의 환심을 하려면 무엇을 어떻게 해야 하는지 혹은 하지 말아야 하는지 충고하는 잡지와 책은 전 세계에 넘쳐난다. 반대로 남자에게 같은 조언을 하는 글은 그만큼 많지 않다.

내가 라고스에서 운영하는 글쓰기 모임에 참가하는 한 젊은 여성은 친구 중 한 명이 내가하는 '페미니스트적인 말'을 귀담아 듣지 말라고 충고했다고 내게 털어놨다. 내 말을 들으면 그녀도 페미니스트적인 생각들을 흡수해 결혼 생활을 위기로 몰고 갈 것이라고 충고했다고 한다. 우리나라에서는 결혼 생활을 위태롭게 할 것이다 혹은 아예 결혼을 하지 못할 것이라는 협박을 받는 것은 남자보다 여자인 경우가 훨씬 더 많다...

나이지리아 여자 지인 중 한 명은 어느 날 내게 나 때문에 남자들이 주눅들까봐 겁나지 않으냐고 물었다. 나는 전혀 그런 걱정을 한 적이 없었다. 사실 걱정을 해야 한다는 생각조차 해 본 적이 없었다. 내게 주눅이 들 만한 남자라면 애초에 내가 관심조차 주지 않을 타입이기 때문이다.

그렇다고 해서 내가 충격을 받지 않은 것은 아니다. 내가 여자라는 이유로 사람들은 늘 내가 결혼을 갈구할 거라고 생각한다. 내가 살면서 어떤 선택을 내리든 항상 결혼을 최우선으로 염두에 둘 거라고 기대한다. 결혼은 물론 좋은 일이다. 행복과 사랑의 원천이자 옆에서 나를 지지해 주는 사람도 생긴다. 하지만 왜 우리는 남자아이에게는 그러지 않으면서 여자아이에게만 결혼을 갈구하게 가르치는가? (...)

내가 아는 한 나이지리아 여성은 미혼이지만 회의에 참석할 때면 약지에 반지를 끼고 간다. (그녀의 표현에 따르면) 동료의 '존중'을 받기 위해서다.

정말 슬픈 사실은 그녀가 결혼반지를 끼고 있으면 즉각 존중을 받지만 반지를 끼고 있지 않으면 바로 무시당한다는 사실이다. 이것이 바로 21세기 현대 직장에서 여전히 벌어지고 있는 일이다.

(1) Chimamanda Ngozi Adichie, 『Nous sommes tous des féministes, 우리는 모두 페미니스트가 되어야 합니다』, Gallimard, 'Folio 2 euros' 총서, Paris, 2015.

존재로서의 여성

2부 미완의 투쟁

역사적인 관점에서 여성의 투쟁사를 다룬다. 가부장적 압제의 고통 속에서 분연히 일어난 여성들의 투쟁은 어땠을까?

이와 관련, 프랑스 혁명시기의 올랭프 드 구주, 영국 산업혁명 시기의 메리 울스턴크래프트, 68혁명 당시의 시몬 드 보부아르 등 여성 선각자들의 사상과 철학이 소개된다.

〈블루 새도우〉, 2021

여성의 진보가 민주주의를 발전시킨다

지젤 알리미 Gisèle Halimi

변호사이자 전 국회의원. 열렬한 페미니즘 운동가. 튀니지 유대인 가정에서 태어난 그녀는 14살 때 파리로 이주해,
1956년부터 프랑스에서 여성 인권 변호사로 활동하면서 튀니지 및 알제리 독립운동에 참여했고,
1971년 시몬 드 보부아르와 함께 여성 임신중절 금지에 반대하는 '여성 343인 선언문'에 서명하고, 같은 해 운동단체
'여성들의 대의명분을 택하라(Choisir la cause des femmes)'를 만들어 보부아르의 뒤를 이어 이 단체의 협회장을 맡았다.
〈르몽드 디플로마티크〉 프랑스판의 발행인 세르주 알리미가 그의 둘째 아들이기도 하다. 2000년 채택된 정치적 평등에 관한 법은,
당시 반대자들 입장에서 보면 프랑스 국민을 두 부류로 갈라놓으며 프랑스 공화국을 위태롭게 하는 것이었다.
반면, 변호사이자 전 국회의원인 지젤 알리미는 여성참여가 배제된 정치를 타파할 필요성을 1994년부터 강력하게 주장해왔다.

　여성의 낮은 공직 참여율에 익숙해지는 것은 민주주의의 효력이 어느 정도 퇴색했다는 신호다. 더딘 의식변화를 내세워 이를 정당화하는 것은 기만적 세태를 반영한다. 개선의 노력 없이 이를 유감스럽게 생각하거나, 체념하고 받아들이는 것은 프랑스 공화국의 반反여성관을 드러내는 일이다. 실제로 2000년대 초에 작성된 보고서에 따르면 프랑스가 도달해야할 남녀평등의 목표는 현실과 큰 괴리를 보였다.

　한 번 살펴보자. 전 세계 국가의 국회에서 여성의원 비율은 평균 20%를 간신히 넘겼다.(1) 프랑스는 1944년 4월 21일, 민족해방위원회의 명령에 따라 여성에게 참정권을 부여했다. "여성은 남성과 동등한 조건으로 선거권과 피선거권을 가진다(제17조)." 여성을 왜곡하고 멸시하는 논쟁 끝에, 프랑스가 다른 국가들보다 한참 뒤늦게 여성의 참정권을 인정한 점이 역설적으로 보일 수 있다.(2) 프랑스는 1848년부터 '보통'선거를 도입한 최초의 국가라는 점에 자랑스러워하지 않았던가? 하지만 그 보통선거의 혜택을 받은 사람은 남성들뿐이라는 사실을 밝혀야 한다. 여성들은 제외됐던 것이다. 미칠 노릇이다!

　1945년 10월 21일, 제헌의회의 첫 총선에서 선출된 여성은 33명으로 전체 당선자들 중 6%를 차지했다. 거의 반세기가 지난 오늘날에도 프랑스 의회에서의 여성 비율은 5.6%에 불과하다. 인구가 3억 2,700만 명인 유럽에서 여성이 51.5%를 차지하는데, 당선자 중 여성 비

〈거울 속의 앨리스〉, 2022

율은 11.3%에 불과하다. 한편 프랑스는 그리스와 함께 유럽에서 여성의 정치 참여율이 가장 낮은 국가라는 불명예를 안았다.(3)

이와 같은 여성의 낮은 정치참여율은 프랑스 혁명의 자유주의 선언, 계몽주의 사상과 모순된다. 하지만 이상한 점이 있다. 당시 입법자들은 평등원칙의 보편성과, 여성의 공직 배제 간에 어떤 모순도 심어 놓지 않았으며, 여성을 속박하는 상황을 유지하도록 한 것도 아니었다는 점이다. 그러나 실제로 프랑스 인권선언(1791년)이 정의한 정치적 권리의 주체는 남성과 백인, 성인, 그리고 '모범 납세자'였다. 또한 성 구분은 사회적 차별, 혹은 성 역할 분리(영어로 'Gender'라 일컫는 것)의 원인이 됐다. 남성은 공공의 영역, 여성은 사적인 영역으로 나뉜다. 확실히 성 역할은 공정하지 않으며, 여성의 역할을 과소평가한다.

가정의 수호자인 여성들은 시장가치를 조금도 인정받지 못하는 가사노동에 얽매여 있다. 국민총생산(GNP)에서 제외되고 잉여가치 창출도 아닌 가사노동은, 시대착오적인 마르크스주의에 따르면 '하찮은' 일이다. "남성들은 법을 만들고 여성들은 풍속을 만들고, 남성들은 권리를 가지고 여성들은 의무를 지닌다."(4) 이처럼 영구히 남성이 제시하고 결정하며, 여성이 재현하고 동의하는 대의민주주의가 이어질 것이다. 대의민주주의 형식은 시민의 절반이 정치적 결정에서 배제된 채 머무는 우스꽝스러운 형태로 변화할 것이다.

이러한 사태의 원인은 무엇일까? 우선, 우리 문명의 기저에 유대-기독교적 터부(taboo)로 가득 찬 문화가 쌓여있기 때문이다. 여성 혐오자이며 반유대주의자인 교부 테르툴리아누스(160~220, 로마시대의 기독교 연구가로서 삼위일체론과 원죄설을 주장-역주)의 영향 탓인데, 그는 파문을 일으킨 책『여성은 악마의 성(性)이다』 및 유대인의 매일기도 중 "나를 남성으로 창조하신 신께 감사드립니다" 등의 여러 구절을 골자로 한 책『유대인들에 맞서(Adversus Judaeos)』의 저자이기도 하다. 프랑스 공화국의 정교분리원칙은 위험하게도 별다른 저항 없이 이런 사상에 물들었다. 흔히 기록된 것과 달리, 혁명의 서사시와 계몽주의 시대에는 여성의 제한적인 역할을 공고히 했다. 장 자크 루소는 남성에게 사회계약을 제안하면서, 아마 여성을 위해『에밀(Emile)』(에밀이라는 가상의 주인공이 유년기부터 성인이 될 때까지,

이상적인 교육이란 무엇인가를 탐구한 소설-역주)을 썼을 것이다. 그는 이 저서에서 소피(장차 에밀과 결혼하게 될 여성-주)에게 "여성으로서의 품위는 드러내지 않는 데 있다"는 점과, "소피는 가정을 관리하는 것으로 만족해야 한다"는 점을 상기시킨다. "(당신의) 배우자가 되면, 에밀은 (당신의) 지도자가 되기 때문이다."

어떻게 하면 이 같은 '이례적'인 여성관에 종지부를 찍을 수 있을까? 선언문과 헌법이 만들어지고, 시간이 소요돼도 우리의 인식이 변화하지 않을 때, '의지적' 방법을 사용하는 수밖에 없다. 사회 불균형은 언제나 민주주의 기능을 위협한다. 법치국가는 공동으로 '살아갈 의지'로 맺어진 여성과 남성 간에 필요한 평등을 바로 세우기 위한 법률을 제정하고, 심대한 기능장애에 대처하기 위해 개입해야 할 의무가 있다. 조화로운 생존을 위해서는 그만한 대가를 치러야 한다. 앙리 라코르데르(1802~1861. 프랑스의 도미니크수도회 수도가이자 설교가-역주)는 앞서 "강자와 약자 사이를 억압하는 것은 자유이고 해방시키는 것은 법률이다"라고 말해왔다.

게다가 대의민주주의는 유권자와 피선거권자의 연령 제한, 일정 규모의 선거인단 구성, 친족 간 입후보 제한 등을 통해 필연적으로 시민들의 정치적 권리를 일부 제한한다. 부의 축적과 개인주의 같은 자유는 국가연대와 사회균형 확립을 위해 부분적으로 규제된다.

이처럼 국민에게 전적으로 부여된 국가주권에 대한 공화국의 원칙을 훼손하지 않으면서, 어떻게 정치적 대표행위에 관한 법률을 제정할 것인가? '인간 및 시민의 권리선언'이 주장했던 것처럼, 프랑스 국민을 다양한 유형으로 구분하지 말아야 할까? 1982년 10월 21일, 의회는 나의 발의에 따라 이른바 '여성할당제'라는 수정안을 표결했다. 여성 후보자들에게 유리하게 마련돼야 함에도, 수정안은 남성과 여성의 엄격한 평등을 지향하고자 했다. "후보자 목록에서 같은 성별이 75% 이상 포함될 수 없다"고 명시했다.

여성의 정치참여를 막는 빗장을 뚫고 나아가기

여성할당제가 왜 25%일까? 의회투표 만장일치로, 여성의 정치참여를 가로막는 빗장을 돌

미완의 투쟁

파하기 위해서다. 한번 얻어낸 원칙이 40%, 45% 그리고 50%까지도 확대되도록 하기 위함이다. 다시 말해 합리적이고 공정한 여성할당제로 양성 간에 정치참여 평등을 이뤄낼 수 있다. 수정안은 유권자와 피선거권자, 그러니까 프랑스 국민들을 '유형'으로 나눴다. 헌법 위원회가 1982년 11월 18일에 수정안을 무효화하면서 주장한 것처럼, 이는 헌법에 위배되는 것일까? 그렇지 않다. 남성도 여성도 여기에서 이 단어에 주어진 의미의 '유형'에 속하지 않는다. 단지 남녀는 인류의 성을 가진 두 가지 구성 요소일 뿐이다.

사실, 민주주의에서 남성과 여성의 정치참여 평등은 다음의 논리를 근간으로 한다. 바로 남녀 차이에 입각한 양성평등의 민주주의다. 서양인, 백인, 남성에게만 국한된 피선거권을 거부하는 길이야말로 평등주의적 정치 기반을 세우고 다질 수 있다. 하지만 양성평등구현과 거리가 먼, 남성중심의 보편 선거 제도는 국가에서 여성을 완전히 제외시키면서, 문화적으로 여성을 남성에게 복종시켰다. 따라서 남녀평등을 토론의 중심에 두고, 성(性)의 이원성을 인정해야만 민주주의가 바로 설 수 있다. 그렇지 않으면 정치적 틀이 훼손된다.

국민투표에 의해 비준된 헌법 개정을 통한 정치적 평등이야말로 상황을 바꿀 수 있다. '슈와지르 라 코즈 데 팜므(Choisir la cause des femmes · 여성들을 위해 선택하기)'의 발의로 작성된, 두 개의 법안이 1994년 3월 23일과 24일에 하원과 상원에서 상정됐다. 이 중 법안 하나는 헌법 제3조에 다음의 문장을 추가해 개정하려는 목적이 있었다. "여성과 남성의 동등한 정치참여는 평등원칙으로 보장돼야 한다."(5) 두 번째 법안의 목적은 통상 법률로 하여금 다양한 방식으로 평등원칙을 적용토록 하는 것이다.(6)

내가 그토록 자주 들었던 것처럼, 누가 법률 개정을 강제하고 강요했다고 우리를 비난할 수 있을까? 남성과 여성 모두 시민으로서 자유롭게 주권을 가지고 자신의 의사를 표명할 수 있다. 우리는 프랑스 공화국의 기본법, 글자 그대로의 뜻과 그 속에 담긴 정신, 본문과 전문을 모두 준수하면서 엄격한 절차에 따라 행했다. 그렇기 때문에 1946년 헌법과 다시 수정된 1958년의 헌법은 "법은 여성에게 모든 분야에서 남성과 동등한 권한을 보장한다"고 규정한다. 보고서와 선언, 성명서 안의 형식적 자유를 실질적 권리로 이행하도록 보장했다.

역사는 무엇을 말하는가? 역사는 여성들의 진보가 항상 민주주의를 강화했음을 보여준다. 이와 반대로, 히틀러 나치와 페탱(제2차 대전당시 독일에 항복하고 독일에 협력해 비시에 새 정부를 세워 정부 수반에 올랐으나 종전 후 사형선고받은 뒤 병사함-역주) 치하의 법에 따라 낙태 시 사형을 선고했거나 여성을 강제로 가정의 틀에 묶어 놓았으며, 시민법보다 종교법의 근본적 우월성을 강조했던, 즉 여성을 억압하던 체제는 '전체주의를 향한 행보'라고 역사는 기록한다. 그래서 여성을 향한 채찍은 국민을 향한 채찍이라고 우리는 말할 수 있을 것이다.

글 · 지젤 알리미 Gisèle Halimi

(1) 편집자 노트. 반면 2016년 8월 1일에는 22.8%(국제의원연맹, 2016년 8월)였다.
(2) 뉴질랜드는 1893년에 최초로 여성의 참정권을 인정한 첫 번째 국가다. 이후 1906~1920년 스칸디나비아 국가들과 미국(1869년부터 참정권을 부여한 와이오밍주를 제외), 독일, 영국(1928년), 스페인, 포르투갈(1931년)이 여성의 참정권을 인정했다.
(3) 편집자 노트. 평균적으로 유럽(러시아 제외)에서 여성은 국가 의회 의석수 중 25.6%를 차지했다. 국회의원 중 여성 비율이 25.7%로, 프랑스가 그리스(19.7%)보다 앞섰다. 유럽연합국의 동쪽으로 확대해보면, 루마니아가 그리스를 제치고 불명예의 자리에 올랐다(국제의회연맹, 2016).
(4) 쥬느비에브 프레스, 〈여성의 도리〉, 플롱, 파리, 1992년.
(5) 편집자 노트. 평등지지자들은 5년 후에 헌법 개정을 이뤄냈다. 1999년 6월 28일, 양원합동회의에서 헌법 제3조에 다음의 문장이 추가됐다. "법은 선거위임과 선거직에서 여성과 남성의 동등한 접근을 돕는다." 슈와지르 다 꼬즈 데 팜므의 법안에서처럼, '돕는다'이지 '보장한다'가 아니다. 제4조는 이제 정당은 "법이 규정하는 조건에 따라 제3조의 마지막 항에서 언급된 원칙을 실행하는 데 동참한다"라고 명시한다.
(6) 편집자 노트. 헌법 개정에 이어서 2000년 6월 6일에 공포된 2000-493호 법이 행해야 할 역할이다.

미완의 투쟁

시몬 드 보부아르, '매니큐어 짙게 바른 여성투사'

실비 티소 Sylvie Tissot

파리 8대학 정치학과 교수. 프랑스 '양성평등을 위한 페미니스트 모임' 회원으로 적극적인 여성 및 외국인 인권운동을 벌이고 있다.

열정적이면서 불행하고, 독선적이면서도 복종적이며, 지적이지만 육감적이고, 이상한 머리 모양새에도 불구하고 매우 스타일리시하며, 끊임없이 애인을 갈아 치우지만 항상 한 남자하고만 관계를 맺는 여성이 있다. 누구일까? 영국의 팝가수 브리트니 스피어스일까, 미혼모로 아이 아빠를 밝히지 않은 프랑스의 법무장관인 라치다 다티일까, 이혼과 결혼을 반복한 사르코지의 부인 카를라 브루니일까? 그 누구도 아니다. 〈르 누벨 옵세르바퇴르〉(1)는 어떤 한 여성에 대한 신상묘사를 이렇게 하고 있다. 그녀는 철학자이며 참여 지식인이며 사회운동 투사였고, 프랑스와 외국의 많은 사람들이 페미니즘을 구현한 인물로 간주하는 시몬 드 보부아르(1908~1986)이다.

인물란의 신상 코너에도 유사한 표현들이 동원됐다. 여기에는 신문지로 몸을 가린 '충격적인' 나체 사진도 실려 있다. 2008년 보부아르 탄생 100주년을 기념해 발간한 〈르 누벨 옵세르바퇴르〉 특집기사에는 위인들의 묘가 있는 팡테옹에 안치되기 위해 오늘날 여성들이 갖춰야 할 조건들이 길게 나열돼 있다.첫째 조건은 항상 남성을 대동하는 것이다! 〈르 누벨 옵세르바퇴르〉의 자료에 의하면 보부아르는 항상 남성을 대동했다. 이 잡지는 보부아르가 18세 연하남인 영화감독 클로드 란즈만(1925~2018)과 맺은 관계를 비롯해 그 다음에 철학자 장 폴 사르트르(1905~1980), 미국인 연인인 넬슨 알그렌(1909~1981)과의 이야기로 끝을 맺는다. 열정적 사랑을 하다가 삶을 마감한 여성을, 예기치 않은 사랑 앞에 무한히 무너졌던 여성을 보여주고 있다. 예컨대, 훗날 영화감독으로 성공한 란즈만이 만 26살의 나이에 보부아르의 비서로 일하며 만난 연인 보부아르의 편지 말미에는 '당신의 부인'이라는 서명이 담겨 있다. 또한 란즈만의 젊음에 비해 '사랑하기에 너무 늦었다'고 생각했던 그녀가 문득 다가온 사랑의 행복

〈시선〉, 2021

감에 눈물을 흘리기도 했다고 잡지는 적고 있다. 란즈만의 말을 빌자면 보부아르는 '진짜 완벽한 여성'이었다.

'깊은 사랑에 빠진 여성'

〈생전의 시몬 드 보부아르〉

보부아르의 연인 란즈만과 〈르 누벨 옵세르바퇴르〉 필진은 과연 그녀를 제대로 이해했을까? 1949년 출간한 철학서 『제2의 성』에서 "여자는 태어나는 것이 아니라 여자로 만들어지는 것이다"라고 적은 보부아르의 선언은 이후 여성 해방운동의 금과옥조가 되다시피 했다.

그러나 철학자 아리엘 동바슬르는 〈르 누벨 옵세르바퇴르〉에 "진짜 여성은 페미니스트, 사회운동가가 아니라 바로 '깊은 사랑에 빠진 여성'"이라며, 여성에 대한 통념적인 잣대로 보부아르를 평가하려 했다.

보부아르는 결혼하지 않았고, 아이도 없었으나 상당수의 여성 연인들과 남성 연인들을 편력하면서 애정으로 충만한 삶을 살았다. 물론 극적인 애정 방식을 시도한 것도, 뒤늦게 일부일처제의 결혼제도와 타협한 것(비록 계약결혼이긴 하지만)도 그녀의 삶의 한 부분이었다. 그럼에도 보부아르는 그녀답게 '넬슨 알그렌이 선물한 은반지를 끼고' 묘지에 안치됐다. 1면에 실린 사진은, 애정으로 충만했던 보부아르의 생활을 강조하는 것처럼, 상당히 충격적이다. 사진에서 여성 철학자는 옷을 벗음으로써 남성들에 대한 자신의 사랑 증표를 보여주는 것 같았다. 마치, 남성들과 광고업자들의 시선을 받는 육체를 가질 때만 '진짜' 여성인 것처럼.

이 나체 사진은 시몬 드 보부아르의 성적(性的)이고 애정적인 삶과, 지적이며 투사적인 삶을 극단적으로 대립시킬 때만, 그 의미가 확연히 드러난다. 사르트르와의 계약결혼은 가부장제에 대한 전쟁을 선포한 것이었지만 동시에 열정의 희생자였다고 서문은 적고 있다. 한편으로 보부아르는 철학 교수 자격증 소지자이고, 『제2의 성』의 저자이며 콩쿠르상 수상자이고 좌파 여성투사였다. 또한 보부아르는 욕망과 열정에 사로잡힌 여성이며, 연인이었다. 이 두 가지 측면은 극단적으로 대립해 있다. 마치 그녀의 애정으로 충만한 생활, 그녀의 지적인 동료관계, 사르트르와의 개방적 동거 생활이 부부나 가족규범의 문제들과는 아무런 상관이 없는 것처럼.

시몬 드 보부아르의 '사생활'의 어느 측면도 여태껏 '정치적'으로 간주되지 않았다. 애정과 지성, 육체와 정신 간의 매우 '전통적'이고 반동적인 대립이 그녀에게서 나타난 탓이기도 했다.(2) 이런 대립은 저널리즘 특유의 기교에 속하는 것이지만, 남성과 여성이 '자연스럽게' 더 많은 관심을 가지는 영역들 사이의 구분을 재확인해 주기도 한다. 남성은 '공상'이란 영역에 더 많은 관심을 가지고 여성은 '열정'이란 영역에 더 많은 관심을 가진다. 시몬 드 보부아르는 자신의 저서들에서 이런 신성 불가침한 '장벽'을 파괴하고 자신의 삶 속에서 이를 건너뛰고자 했으나, 그럴수록 자신의 무미건조함을 극복하지 못했다.

끊임없는 사랑을 갈구, '남성적 사고'와 맹목적 페미니즘 거부

'나체사진'의 스캔들 메이커…전통 · 반동적 이분법적 관념에 도전

열정이 넘친 보부아르는 사회문제에 적극 참여했지만, 매우 냉정해서 '사르트르류의 철의 여인'이 돼 버렸다. 그러나 여성적 본능이 항상 우세한 탓일까? 그녀의 내면에는 이분법적 대립이 강하게 남아 있었다. 보부아르가 '손톱 전체에 매니큐어를 칠할 정도로 소녀 취향의 여자'로 끝까지 남아있었던 것은 이 때문일까? 하지만 필립 솔레르는 "건방지고 불쾌하고 계몽적이며 고집 센 그녀가 자신의 아름다운 이미지를 부정하고 싶었던 것 같다"고 말한다.보부아르의 가장 매력적인 부분은 그녀의 명확한 언어 사용이 아니라 외모였던 셈이다. 동바슬르는 "거친 투피스와 장식 없는 터빈 모자 때문에 외모가 가려져 있지만 보부아르는 매력적인 여성

이었다"는 말로 그러한 점을 확인해 준다. 저명한 프랑스 여성이 흉한 옷차림을 하고 다니는 것은 실례일 수도 있었을 것이다.

'자신의 힘을 넘어선 자유' 추구

보부아르는 생전에 지적이고 투사적인 면모를 보여줬으나, 〈르 누벨 옵세바퇴르〉에 게재된 솔레르의 평가는 애써 이를 무시하며, 그녀에 대해 연애편지를 잘 쓰는 서간 작가로서의 능력만을 찬양했다.

"보부아르는 위대한 서간문 작가로 남을 것이다. 이론 작품보다 더 뛰어난 연애편지라는 걸작들을 통해 우리가 서간문 작가 보부아르의 진면목을 알게 될 것이다. 말하자면 비밀스럽고 사적이며 감정 고백하는 '육감적이고 익살스러운' 보부아르를 읽게 될 것이다."

어쩌면, 〈르 누벨 옵세르바퇴르〉 특집기사는 반(反) 페미니스트들에게 보부아르 같은 여성운동가들에게 공격의 빌미가 될지 모를 일이다.(3) 이제 여성들의 전투는 힘을 잃어가고, 고립돼 가고, 불행해지는 상황이다. 생전에 보부아르의 투쟁이 격렬했다는 점을 감안한다면, 이런 역풍의 개연성마저 짐작할 수 있다.

특집기사는 보부아르가 앞장서 치른 투쟁에 대해 '남성 위주의 미래'에 대한 거부, 페미니스트 그룹의 현실 타협에 대한 거부, 폭력에 대한 여성권리 옹호, 공동체를 명분으로 내세운 가정희생 거부 같은 몇 가지 요구만 나열했다. 보부아르의 투쟁 내용에 관해 좀 더 부연했다면 좋았겠지만, 특집기사는 "그녀의 삶이 전 세계에서 읽히고 경청되고 유명해졌다고 해서, 과연 그녀가 행복했을까?"라는 엉뚱한 질문을 던지며, 그녀의 본질을 흐렸다.

동바슬르는 보부아르의 투쟁적인 삶에 대해 "자신의 능력을 넘어선 자유분방함"이라고 (비아냥 조로) 찬양했다. 심지어 보부아르의 쓸쓸한 모습에 대해서도 "못다 한 사랑을 애통해하면서 사르트르 무덤가의 조그만 벤치에 혼자 앉아있는 여성"쯤으로 묘사했다.

이처럼 시몬 드 보부아르를 예외적인 여성으로 만든 것은 무엇일까? 동어반복적인 방식으로 이야기하자면 예외적인 것으로 제시된 그녀의 '자유분방한' 기질 때문이고, 그녀가 자신의 작품이나 행동과 전혀 연관성 없이 살았기 때문이라고 특집기사는 지적했다. 특집기사의 제목이 '스캔들 메이커'라는 점은 다분히 의도적이다. 〈르 누벨 옵세바퇴르〉 필자들은 1949년 『제 2의 성』이 출간된 후 보부아르에게 알베르 카뮈나 프랑수아 모리악이 격분해 보인 반응

Yoshinaga Fumi, Le Pavillon des hommes, Kana, 2008

가상의 에도 시대, 바이러스가 창궐해 남자들이 목숨을 잃고 여자들이 나라를 지배했다. 쇼군의 쾌락과 후손 생산에 헌신해야 하는 남자들의 거처에서는 정치적 음모와 치정 싸움이 끊이지 않았다.

미완의 투쟁

들을 언급하면서도, 남성의 분노를 야기한 책의 내용이 어떤 것이었는지는 명확히 밝히지 않았다. 스캔들이 그러하듯이.

보부아르는 사르코지 정부 당시, 정치권의 '순전히' 정치적인 목적 아래 위대한 국가적 인물들의 영면 장소인 팡테옹에 안치될 후보로 꼽혀 그 적법성 여부를 놓고 찬반 논란을 빚었다. 독일강점기에 독일군을 반대하는 전단을 뿌린 죄로 처형된 기 모케(1924~1941)와 함께, 보부아르는 모든 사회 상황과 지배 관계로부터 분리되고 탈정치화되고 신비화된 인물로 팡테옹이라는 국가 유산의 잠재적 일원이 된 셈이다.

이런 점에서 〈르 누벨 옵세르바퇴르〉의 특집 기사는 대단히 편파적이었다. 보부아르의 활동상을 증언하는 이들의 목소리를 담았다고는 하지만, 그녀와 함께 활동한 주요 인물들이 아니라 요즘에 활동하는 개성 강한 페미니스트들의 증언이 게재된 사실은 아무래도 부적절하다. 지면의 상당 부분은 보부아르와 견줄 만큼이나 유명하지만, 그들의 철학 작품이나 페미니스트 업적은 거의 알려지지 않은 솔레르나 동바슬르에게 할애돼 있다는 점이 그러하다.

롤랑 바르트는 저세상으로 떠난 작가들에 대한 사후 평가가 결코 그들의 작품으로서가 아닌, 인물평 자체에 주목할 때 '당사자와 동떨어진' 인물 이미지를 강화한다고 지적한 바 있다.(5) 아니나 다를까. 시몬 드 보부아르에 대한 특집기사는 장례 행렬이 지나갈 때 그녀에게 열을 지어 경의를 표했던 카페 '쿠폴'의 종업원들에 대한 감사의 말로 끝을 맺고 있다. 보부아르에 대한 인물평을 위해 그녀가 생전에 거의 매일 들락거린 카페 종업원들이 필요했던 것이 아닐까?

글 · 실비 티소 Sylvie Tissot

(1) 'Simone de Beauvoir. La scandaleuse(스캔들 메이커인 시몬 드 보부아르)', Le Nouvel Observateur, Paris, 3-9 janvier 2008.
(2) Michelle Le Dœuff, Le sexe du savoir(지식의 성), Aubier–Montaigne, Paris, 1998.
(3) Susan Faludi, Backlash: la guerre froide contre les femmes(반발: 여성들에 대한 냉전), Des Femmes, Paris, 1993.
(4) Lire Sylvie Chaperon, 'Le "Deuxième sexe" en héritage(유전되는 제 2의 성)', 〈르몽드 디플로마티크〉 프랑스어판 1999년 1월호.
(5) Roland Barthes, Mythologies(신화)(1957), Seuil, Paris, 1992.

페미니즘의 서막을 연 메리 울스턴크래프트

마리옹 르클레르 Marion Leclair

번역가. 파리에 거주하면서 영국작가와 미국작가들의 작품들을 불어로 번역해 프랑스에서 소개하고 있다.
메리 울스턴크래프트를 비롯해 윌리엄 모리슨 등 여러 작가들의 작품들을 번역했다.

20세기를 대표하는 아나키스트 에마 골드만이 1911년, 인류 진보의 선구자이자 헐벗은 자들의 영웅으로 묘사한 메리 울스턴크래프트(1759~1797)는 유독 영불해협 건너편 프랑스에서 간과된 측면이 있다. 그녀가 정치적으로 여성의 운명을 생각한 선구자였음에도 불구하고 말이다. 그녀는 낡은 장애물을 무너뜨리겠다는 강건한 의지로 프랑스 혁명에 크게 힘을 실어준 영국 급진주의와 연관된 페미니즘의 핵심인물이 됐다. 마르크스주의 역사학자 에드워드 P. 톰슨은 영국 노동자층의 계급의식이 처음으로 구체화되는 데 있어, 그녀의 결정적인 역할을 설명한 바 있다.

'급진주의자'란 1760년대부터 결연한 개혁파를 일컫는 말이었다. 1789년의 민주주의에 대한 요구, 자코뱅파의 영향, 귀족과 상인의 과점체제를 거부하겠다는 의지가 복합적으로 작용하면서 급진주의는 새로운 경향을 띠게 되는데, 이에 이론가 두 명이 기여했다. 한 명은 미국 독립혁명과 프랑스 혁명이 내세운 기치의 열혈 추종자였던 토머스 페인(1737~1809)이다.

〈페미니즘의 서막을 연 메리 울스턴크래프트〉

미완의 투쟁

페인의 『인간의 권리』(1791)는 민주적 급진주의의 성서로 격상하면서 노동계에 막대한 영향을 끼쳤다. 다른 한 명은 윌리엄 고드윈(1756~1836)으로, 교회를 떠난 목사이자 최초의 아나키스트 겸 사회주의자였다. 고드윈은 『정치적 정의에 대한 고찰』(1793)을 통해 사회 변혁의 꿈을 담은 자신의 아나키즘적 사상을 주장했다. 1790년대는 지식인들이 적은 비용을 들여서 자신의 사상을 담아 출간한 '팸플릿의 전쟁'이 펼쳐지는 시대였다. 페인이 사회주의 입장이었다면, 반대로 보수주의자인 에드먼드 버크는 프랑스 혁명의 불편한 폭력성을 고발한 『프랑스 혁명에 대한 고찰』을 펴내 영국 내에서 막강한 영향력을 행사하며 민심과 진보적 부르주아들이 혁명과 영국식 '자코뱅당'으로부터 등을 돌리게 만들었다. 하지만 급진주의자들은 공공연히 버크 같은 보수주의자들에게 맞섰다. 메리 울스턴크래프트는 이 논란에서 주인공 역할을 맡았다.

> "메리 울스턴크래프트는 대담한 사상을 품고 관습적이지 않은 삶을 살았다.
> 영국 지식인층 사이에서, 프랑스 혁명에 관한 토론에 참여하고
> 급진주의와 관련된 활동을 활발하게 이어나갔던 그녀는
> 특히 전제주의적 시각에 견줘 여성억압 구조에 관한 견해를 정치 이슈화했다."

그녀의 인생은 당시의 다른 여성들과 크게 다를 바 없이 시작됐다. 사업으로 성공한 부르주아 가정(선조 중 와인 매매상과 견직물 사업자가 있었다)에서 태어난 울스턴크래프트는 여성으로서 운신의 폭이 좁다고 느꼈다. 그녀는 또한 빅토리아 시대 직전 생활용품이 공장에서 생산되고, 부르주아들이 귀족적 예의범절을 갖추려고 애쓰면서 여성을 '부엌의 천사'로 폄하하는 분위기가 팽배한 시절에 여성의 지위가 얼마나 추락했는지 알고 있었다.

그녀는 가정에서 여성을 유폐하려는 거대한 가부장제를 직접 체험했다. 울스턴크래프트의 아버지는 권위적이며 독선적이었고, 어머니는 순종적이며 무기력했다. 그런 어머니의 모습이 싫은 탓에 그녀는 첫 번째 소설(1)에서 이를 희화화하기도 했다. 그녀의 오빠는 법률공부를

Oriane Lassus, 『Quoi de plus normal qu'infliger la vie?,
출산을 강요하는 것이 뭐가 이상한가?』, Arbitraire, 2016

"고맙지만 사양하겠어요". 오리안 라쉬는 아이를 갖고 싶지 않지만 온 사회가 그녀의 마음을 돌리기 위해 고군
분투한다. 이 책은 출산에 대한 사회적 강요를 보여주며 유쾌하고 독창적인 방식으로 이에 대응한다.

미완의 투쟁

계속했던 반면, 그녀는 자매들과 함께 요크셔의 작은 학교에서 지극히 피상적인 교육을 받았다. 훗날 가정이 어려워지자, 그녀와 자매들은 가정부나 노인들의 말동무 등으로 일하며 간신히 생계를 꾸려나가야 했다.

1784년 그녀들은 친구 파니 블러드와 함께 소녀들을 위한 학교를 열었다. 그러나 재정적 어려움으로 2년 만에 폐교해야 했다. 교육에 관심이 많았던 울스턴크래프트는 교육이 '여성들의 열악한 상황'을 개선할 확실한 방법이라고 생각해『딸들의 교육에 관한 소고』(1787)(2)를 집필했다. 이 책에서는 여성 문제의 근본적 원인과 해결책을 부르주아적 도덕관에 사로잡힌 가정으로 국한해 접근했고, 그녀는 엄마들이 무지한 유모와 못된 하녀로부터 옳지 못한 관습을 배우지 말고 딸들을 새로운 시대에 맞는 깨어 있는 인간으로 교육시킬 줄 알아야 한다고 지적했다. 그녀의 교육 활동은 정치적 각성의 계기가 됐다. 그녀가 세운 학교가 마침 교육운동가 리처드 프라이스가 일하던 예배당과 가까운 곳에 있어서 새로운 사상을 접하게 됐기 때문이다. 목사이자 이론가인 프라이스는 미국 독립혁명과 프랑스 혁명을 찬양한 설교로 1789년 유명해졌는데, 그 내용에 분노한 버크가 프랑스혁명의 폭력성을 비판한『프랑스 혁명에 대한 고찰』을 쓴 것이다.

성공회의 영향력이 지배적이었던 당시 영국사회에서 울스턴크래프트는 체제에 순응적이지 않은 신교도들, 예컨대 대학교육을 받을 수 없고, 공직을 가질 권리도 없는 비(非)국교도들과 자주 어울리기 시작했다. 이런 이들은 미국 독립전쟁 이전의 급진주의 운동, 미국독립 지원과 노예제도 폐지운동의 중추가 된 의회 개혁안 및 과학적 발명이 싹튼 정치클럽과 학회에 대거 포진해 있었다. 그녀는 이곳에서 런던 급진주의의 주요 인물이자 페인의 책을 출간한 출판인인 조지프 존슨을 만나게 된다. 존슨은 그녀를 독려하며『딸들의 교육에 관한 소고』와 첫 번째 소설을 출간하게 해줬으며, 그녀에게 번역이나 자신이 편집한 전문지 교정을 의뢰했다. 비국교도들은 그녀에게 경제적, 정치적인 해방의 길을 열어줬다. 그녀가 그들을 만나면서 급진주의를 배우게 됐고, 자신의 글로써 경제적 독립을 하게 됐기 때문이다.

하지만 그녀에게 결정적인 전환점이 된 것은 프랑스 혁명이었다. 그녀는 페인보다 앞서

『인간의 권리 옹호』(1790)를 썼고, 그 덕분에 런던의 (남성 위주의) 급진주의자들 집단에서 지식인으로 확실하게 인정받았다. 존슨이 주최한 식사 자리에서 그녀는 페인, 소설가 메리 헤이스와 토마스 홀크로프트, 그리고 모든 정부 형태에 대한 초기 아나키스트적 비평을 발표한 윌리엄 고드윈을 만나 토론을 벌였다. 고드윈과 그녀는 연인으로 발전했으며, 결국 동거하게 됐다. 그는 그녀 사후에 펴낸 그녀의 전기에서 그녀의 끈기와 논리력, 그리고 상대를 압도하는 대화 주도능력을 칭찬했다. 고드윈은 그녀를 처음 만난 저녁 식사 자리에서, 페인에게 당당하게 자신의 면모를 드러내는 그녀의 매력적인 모습에 강한 인상을 받았다. 그 만남 이후 얼마 지나지 않은 1792년, 그녀는『여성의 권리 옹호』(3)를 집필했다.

　　프랑스 혁명은 울스턴크래프트가 전제주의에 대한 급진주의적 비판을 여성의 경험과 접목시키는 계기가 됐다. 그녀는 여성들의 '열악한' 환경이 잘못된 교육 때문이 아니라 체제적 억압과 남성의 횡포로 인한 노예의 삶에 따른 결과라고 규탄했다.『인간의 권리 옹호』와『여성의 권리 옹호』사이의 다른 점은 제목이 보여주듯 단순히 옹호하려는 대상만의 차이는 아니었다. 첫 번째 저서에서 그녀는 당시 보수주의 사상가였던 에드먼드 버크가 유지해야 한다고 주장 했던 왕실과 귀족의 허영과 실상을 비난했다. 그러면서 그녀는 특히 억압의 이데올로기에 날카롭게 반응했다. 직접적으로 '이데올로기'라고 언급하지는 않았지만 그녀가 두 번째 저서에서 발전시킨 것은 여성성의 이데올로기였다. 특히 남성 지배 이데올로기로 인한 여성의 가치 폄하와 노예화를 비판했다. 그녀는 남성 지배 이데올로기가 어디에 드러나 있고 어떤 영향을 미치는지 파헤쳤다. 특히 학교에서 '행실교본'으로 읽힌 장자크 루소의『에밀』이 소녀들에게 아름답고 순종적이어야 한다고 주입시킨 점을 비판했다. 또한 (어리석게도) 인기가 좋은 남성의 눈에 들기 위해 여성이 어떤 태도를 가져야 하는지를 당시 여성들에게 강요했던 '매너'의 악영향에 대해서도 조목조목 지적했다.(4)

　　울스턴크래프트는 선각자로서 1960년대 페미니즘과 젠더 연구를 앞지른 '성의 특성'에 관한 이론을 제시했다. 사회적으로 다양한 인물들이 동참한 급진주의 운동은, 그녀로 하여금 사회주의의 극단에 있는 자유주의 사상을 접하게끔 했다. 예컨대 페인이 큰 틀을 그린, 부를 재

미완의 투쟁

분배하는 복지국가, 존 텔월의 노동으로 생산된 이윤에 비례한 노동자의 권리 옹호, 토지의 사유제 폐지를 위해 투쟁한 토마스 스펜스의 농본주의적 초기 공산주의 등이 대표적인 예다.(5) 그녀의 사후에 발표된 미완성 원고『마리아 혹은 여성인 자의 불행』에는 그녀의 사상을 널리 전파하려는 의지가 담겨 있다. 감상 소설 특유의 페이소스는 없지만 여성 노동의 고단함이 생생하게 그려진 이 소설은 '다양한 계층에 속한 여성들'의 우정과 상부상조에 대한 상찬으로 끝을 맺는다.(6)

그러나 1970년대 제2의 페미니즘 물결을 이끈 페미니스트들은 대체로 울스턴크래프트에게 너그럽지 않았다. 그녀들은 울스턴크래프트가 부르주아적 자유주의에 물들어 계층 간 차이를 인식하지 못했으며, 또한 그녀의 몸에 밴 청교도주의 때문에 여성 본연의 특성을 몰이해하고, 혐오했다고 비판했다.

하지만 그녀는 페미니스트로서의 삶에 충실했던 면모를 보였다. 재능 있는 여성이 자유롭게 경력을 쌓을 수 있도록 기회를 줬고, (당시 토마스 스펜스만이 지지하던) 여성의 투표권을 지지한 것은 물론, 나아가 여성의 정계진출까지도 꿈꾸고 독려했다. 또한 그녀는 여성이 작가라는 것만으로도 부도덕적이라 여기던 시절에, 제대로 기술할 수 없었던 여성의 욕망을 자신의 작품에서 인상적인 문체로 그려냈다.

그러나 그녀의 삶과 사랑은 감정에 지극히 충실했다. 철학이 빠진 공백에 연애 감정이 가득 들어차면서 그녀 자신이 비난하던 감상적 함정에 빠지게 된 것이다. 특히 성적인 자유를 주장하고, 이를 실천한 그녀는 보수 언론은 물론 일부 급진 언론으로부터도 집중포화를 받았다. 그녀는 혁명이 일어난 파리에 홀로 가서 미국인 모험가와 격정적인 열애를 하고 그와의 사이에서 첫째 딸을 낳았고, 결혼을 '추악한 독점'이라고 여긴 고드윈을 만나 결국 뜻밖의 임신으로 그와 동거를 하다가 헤어졌으며(둘 다 작가라는 직업은 부부생활과 맞지 않는다고 판단했다), 이보다 더 어린 시절엔 레즈비언이라는 비난을 사면서도 파니 블러드와 동성애적 우정을 나누기도 했다.(7)

울스턴크래프트는 38세에 둘째 딸을 낳고 세상을 떠났다. 그녀가 죽자 그녀의 사상 전파

속도는 더디어졌고, 보수 언론의 격렬한 비난이 계속됐다. 이어 윌리엄 피트(1759~1806, 24세의 나이로 총리직에 오름)의 보수 정부가 등장해 급진주의 운동이 붕괴하고 여성혐오가 완고해지면서 그 명맥마저 끊겼다. 영국의 페미니즘 운동은 한 세기나 지나서야 본격적으로 발전할 수 있었고, 비슷한 시기에 등장한 사회주의의 여성 억압과 여성노동에 대한 관점에 영향을 미쳤다.

어쩌면 울스턴크래프트가 남긴 가장 직접적인 유산은, 그녀의 둘째 딸 메리일지도 모른다. 메리는 16세에 유부남 시인 퍼시 비시 셸리와 애정 도피 행각을 벌였고 20세에 근대소설의 명작으로 꼽히는 『프랑켄슈타인』을 출간하면서 어머니의 지적, 성적 담대함을 다음 세대에 재현했다. 과학과 철학을 거침없이 버무린 (그리고 보다 간접적인 방식으로 정치를 가미한) 이 책은 이번 후대에선 외면 받지 않았다.

글 · 마리옹 르클레르 Marion Leclair

(1) 'Mary. Invention(메리, 하나의 픽션)', 『Mary Wollstonecraft. Aux origines du féminisme politique et social en Angleterre(메리 울스턴크래프트, 영국의 정치사회적 페미니즘의 기원)』, Nathalie Zimpfer 엮음, ENS Éditions, Lyon, 2015.
(2) 'Pensées sur l'éducation des filles(딸들의 교육에 관한 소고)', 『Mary Wollstonecraft』, op. cit.
(3) Mary Wollstonecraft, 'Défense des droits des femmes(여성의 권리 옹호)', 『Œuvres』, édition d'Isabelle Bour, Classiques Garnier, Paris, 2016.
(4) Barbara Taylor, 『Mary Wollstonecraft and the Feminist Imagination』, Cambridge University Press, 2003. 전기는 Janet Todd, 『Mary Wollstonecraft: A Revolutionary Life』(Weidenfeld & Nicolson, London, 2000)를 참고.
(5) Gregory Claeys, 『The French Revolution Debate in Britain: The Origins of Modern Politics』, Palgrave Macmillan, Basingstoke, 2007.
(6) Mary Wollstonecraft, 『Maria ou le malheur d'être femme(마리아 혹은 여성인 자의 불행)』, Œuvres, op. cit.
(7) Claudia L. Johnson, 『Equivocal Beings: Women in Culture and Society』, University of Chicago Press, 1995.

미완의 투쟁

방탕한 외출

1774년, 몽장 부인은 삶의 방식을 바꾸기로 결심했다. 파리의 양복점 주인을 남편으로 둔 몽장 부인은 시골 아버지 댁에 머무는 동안 쾌활한 여성 친구를 한 명 사귀었다. 이 친구는 몽장 부인에게 "남편은 부인을 부양해야 한다"라는 생각을 심어줬다. 여느 양복점 주인의 아내처럼 검소한 삶을 살던 몽장 부인은 파리에 돌아온 후 자유분방한 성생활을 즐기며 향락에 빠져들었다. 그녀는 저녁마다 외출해 "집게, 채찍, 단추 끄른 속바지"를 가미한 만찬을 즐겼다.(1)

몽장 부인의 남편은 9개월 동안 일기를 쓰며 무력감을 토로했으며 포도주를 흥청망청 마시고 가산을 탕진하는 아내에 대한 분노를 표출했다. 그는 몽장 부인의 정부(情夫)의 요리사에게 들은 아내의 방탕한 행동을 그대로 기록하기도 했다. "그들은 매일 마차를 불러 타고 극장에 간다. (...) 굴을 12리브르 어치나 먹고, 백포도주를 마시며 브랜디에 절인 복숭아를 먹는다. 그런 뒤 그 여자는 변소를 온통 토사물로 어질러 놓았다."

파리 국립 기록 보관소에서 낱장 상태의 이 일기를 발견한 아를레트 파르주는 "자유를 갈망한 몽장 부인은 시대를 앞선 '페미니스트'인가?"라고 질문했다. 역사학자인 파르주는 몽장부인의 행동은 페미니즘보다 "18세기 말 중산층과 부유층 사이의 매우 독특한 관계"를 대변한다고 설명했다.

몽장 부인은 짙은 화장을 하고 "퇴역한 왕실 경주마들이 끄는 4륜 마차를 타고 다녔다. 왕실 마구간을 떠난 이 말들은 이제 아무런 보살핌도 받지 못한 채 하루에 18시간씩 마차를 끌다가 고단한 삶을 마감했다". 몽장 부인은 이처럼 귀족의 풍속을 흉내 내다 매춘부 취급을 받게 된 사실을 깨닫지 못한 듯 보인다. 몽장 부인의 아버지는 결국 사위에게 딸을 수도원에 가두라고 명령했다. 하지만 아내를 너무나 사랑한 남편은 주저했고 몽장 부부의 관계는 파국으로 치달았다.

파르주는 다음과 같이 분석했다. "삯마차, 극장, 도로 '토해낼 정도로' 성대한 만찬, 쾌락을 추구하는 잠자리 사이의 방정식은 실현 불가능한 사회적 지위 상승에 대한 욕망이 만들어낸 미끼이자 함정이다. 몽장 부인의 삶은 불완전하고 불가능한 시나리오를 기반으로 한 비극적인 연극과 같다."

몽장 부인의 반란은 후세의 여성들이 일으킨 더 거센 반란의 신호탄일 수도 있다. 파르주는 질문했다. "할 일도 없고 열정을 쏟을 곳도 없이 집 안에 갇힌 채 매일 같은 몸짓, 같은 말, 같은 생각만 반복해야 했던 마르그리트 뒤라스의 작품 속 인물들 혹은 1960년대 부르주아들이 연상되지 않는가?" 하지만 파르주는 몽장 부부 이야기에 대한 "너무 현대적인 해석"을 경계했다. "짚고 넘어갈 필요가 있다. '남자는 여자를 부양해야 한다'라는 부분 때문에 언뜻 이 이야기를 남녀의 역할을 전도하고 남성 지배에 도전하려는 욕망의 표출로 해석할 수도 있지만 실제로는 위대하고 인정받는 존재가 되고 싶었지만 그러지 못한 자신에게 싫증 난 한 여자의 이야기일 뿐이다." 몽장 부인을 페미니스트로 칭할 수 없는 이유다.

글 · 엘렌 리샤르

(1) Arlette Farge, 『La Révolte de Mme Montjean, 몽장 부인의 반항』, Albin Michel, Paris, 2016.

미완의 투쟁

18세기 '대중 모럴'에 맞선 '올랭프 드 구주'

올리비에 블랑 Olivier Blanc

사학자. 언론인 출신으로 프랑스 혁명기의 인물들을 집중 연구했다.
주요 저서로, 『마리-올랭프 드 구주, 18세기 말의 한 여성 휴머니스트』(르네 비에네, 파리, 2003) 등이 있다.

마리-올랭프 드 구주는 프랑스 혁명시기에 혁명적이며 도발적인 글들을 출간한 죄로 처형당한 아주 드문 여성 중 한 명이다. 정치에도 참여했고, 18세기 말의 휴머니스트적인 인물을 대변하는 이 여성이, 최근에야 비로소 여성의 역사 속에서 선구자로 재조명되고 있다. 예컨대 그녀는 지속적인 정치 참여뿐만 아니라, 흑인과 여성의 처지에 관해 용기 있는 발언을 한 인물로 기억되고 있다. 최근 들어 여성, 인종 차별, 소수자 문제 등 사회적 쟁점들이 부상하면서, 시대를 앞서 간 마담 드 구주의 드라마틱한 삶이 세상에 다시 부각됐다. 세상을 떠나기 전 10년 동안, 그녀는 사회적 혹은 정치적 사안을 다룬 20여 편의 연극 작품을 저술했고, 그중 일부를 무대에 올려 성공과 실패를 맛봤다. 또한 『오리엔탈』을 비롯한 두세 편의 소설과 그녀의 생명을 앗아간 청원서, 진술서, 팸플릿, 포스터 등 방대한 정치적인 저술을 발표했다.

당대 현안 부각, 자유로운 휴머니스트

그녀는 대중의 삶에 깊숙이 관여할 수밖에 없었다. 왜냐하면 그녀의 희곡 작품 주제들이 정치 시사나 노예제도 폐지와 같은 논쟁거리가 되는 주제들이었기 때문이다. 육아, 집안 살림과 자녀 교육을 여성들의 전유물로 치부하던 당대의 대중적 잣대로 올랭프 드 구주는 엄중한 비판을 받았다. 그 시대의 이른바 활동적인 여성들, 즉 '자신들을 존중하고, 품위를 지키는' 부류라 여겨지던 여성들마저도 낭만적인 공간에 안주하거나, '사교 활동'(1)을 벌이는 데 여념이 없었지만, 드 구주는 달랐다.

〈올랭프 드 구주. 혁명의 혼돈기에 평등권을 주창했던 그녀는 단두대의 이슬로 사라졌지만, 오늘날 새롭게 재조명되고 있다〉

논쟁의 정점에 놓여 있던 정치 시사 문제를 다룰 때면, 그녀는 늘 소수자들의 입장을 지지했다. 올랭프 드 구주라는 이름은 루이 16세 재판 때, 그를 옹호하는 정치 선전 포스터를 제작하며 세상에 알려졌다. 당시 그녀는 몰락한 군주를 처단하려는 혁명정부인 국민공회의 사형 제도에 대해 자신의 혐오감을 표출했다.(2) 그녀는 살인을 저지른 한 농장의 관리인, 흑인 자모르의 처형을 막기 위해, 노예제도를 다룬 연극작품 〈자모르와 미르자(Zamore and Mirza)〉를 집필했다. 1790년 5월, 그녀는 혁명정부에 의해 구금된 옛 왕실에 대한 처형을 반대하며, 이들에 대한 법정을 일종의 중범재판소인 민중고등법원으로 옮겨달라고 국회 청원에 나서 법정문제를 불러일으켰다.

정권을 잡은 자코뱅파의 지지자들은 지롱드파 국회의원들을 체포한지 일주일 후인 1793년 6월 9일, 올랭프가 국민공회에 그들을 옹호한 서한을 보낸 것을 빌미 삼아 그녀가 그들의 공범이라고 비난했다. 역사는 승자들이 쓰는 법이다. 자코뱅파에 의해 처형당한 올랭프 드 구주의 경우도 마찬가지였다. 코뮌 쇼메트 검사가 가장 비열한 방식으로 끼어 맞춘 올랭프 드 구주의 왜곡된 이미지가 그대로 후세에 전해지고 있다. "정치를 하겠다며 범죄를 저지른 이 뻔뻔한 여장부, 올랭프 드 구주를 기억하십시오. 그녀와 같은 모든 존재들은 법의 칼날을 맞고 다 사라졌습니다!" 쇼메트는 여성 공화주의자들을 향해 외쳤다.

미완의 투쟁

하지만 올랭프 드 구주는 1793년 11월 3일 사형선고를 받은 뒤, 자신의 생이 다했다는 것을 예감한 듯 그 후 감옥에서 쓴 〈여성 인권과 시민권 선언〉에서 자신이 꿈꾸는 여성의 지위를 또렷하게 밝혔다.

"여러분들도 저런 자들을 흉내 내고 싶습니까? 아니죠, 여러분들은 '자연'이 원하는 사람이 될 때, 비로소 합당한 대우를 받게 될 겁니다. 저는 여성들이 스스로 존중하길 바랍니다. (…) 구체제 당시의 여성들은 존중은 받았지만 경멸스러웠고, 혁명 이후 여성들은 존중받을 만했지만 경멸당했습니다."

희곡 저술로 시대 모순 연속 고발

1748년 퀘르시 지방 몽토방 태생인 마리 구주는 20세에 미망인이 됐다. 평소 야심만만했던 그녀는 그 후 우연한 기회에 계몽시대를 펼친 파리의 예술인과 지식인 사회에 입성하게 된다. 그곳에서 그녀는 올랭프 드 구주로 활동하며 작가, 철학가, 과학자, 후원자, 예술품 수집가, 인텔리 여성들, 예술인 등과 교류하며 특히 배우들과 어울렸다. 연극은 그녀의 열정 그 자체였다. 1778년 이후 그녀는 드라마 작품에 매진한다.

몰리에르 이후로 코메디 프랑세즈(프랑스 파리의 국립극장, 프랑스 고전극의 전통을 지켜온 몰리에르의 이름을 붙여 '몰리에르의 집'이라고도 함)는 미풍양속을 준수하고, '도덕적인 지침'을 훼손하지 않는 한, 일부 민감한 주제의 작품이라도 표현할 수 있도록 원칙적으로 허가해줬다. 1782년 마담 드 구주는 백인 아버지와 옛 노예 어머니 사이에서 태어난 혼혈 연극인과 함께 몽트송 후작 부인 집에서, 감히 입 밖에 낼 수조차 없었던 식민지 노예제도의 끔찍함을 고발하는 희곡 발표회를 열었다.

훗날 필립-에갈리테의 아버지였던, 오를레앙 공작과 혼인한 덕분에 영향력이 있었던 마담 드 몽트송은 드 구주를 프랑스 연극원에 소개하고, 그녀의 작품이 레퍼토리에 수록되도록 도와줬다. 하지만 얼핏 봐서도 그 '인디언 극'은 엄청난 착취의 원천인 노예제도를 비판하고 있음을 눈치챌 만 했다.

드 구주는 작품 속에서 '백인들의 부당한 이득'을 보장한 법, 다시 말해 '흑인법'(3)을 고발했다. 그러나 그녀는 자신의 작품이 코미디 프랑세즈 지하실에 방치됐다고 노골적으로 떠들어 댄 것이 화근이 돼, 국왕으로부터 바스티유 감옥에 처넣겠다는 협박성 봉인장을 받는다. 그녀는 기겁했으며, 이 무렵 정치에 몸담게 된 것으로 보인다. 1785년부터 그녀는 자신의 눈에 비친 중요한 모든 것들을 주제로 한 작품들을 부단히 출간했다. 처음에는 '정부의 폭정' 때문에 몸을 사렸지만, 1789년 검열이 사라진 다음부턴 진지한 열정을 자유롭게 표현했다.

앙시앵 레짐 치하에 있던 그녀는 1788년 발간한 희곡 전집의 서문을 통해 자신의 견해를 집중적으로 밝혔다. 예컨대, 빚 때문에 수감된 사람들이나, 젊은 가톨릭 여성들에게 베일 착용을 강제하던 전통을 빌미로 여성의 삶의 자유를 송두리째 빼앗던 문제들을 주로 다뤘다.(4) 그 밖에도 그녀는 권리를 박탈당한 사생아와 빈민은 물론, '사랑과 신뢰의 무덤'으로 불리는 사제결혼(프랑스 혁명의 소용돌이 속에서 프랑스의 경우 사제들에게 헌법에 대한 충성 서약이 요구됐고, 결혼 생활도 허용됐다-역주) 등의 문제에도 관심을 보였다. 그녀는 사제결혼을 계약결혼, 즉 평등한 시민 계약으로 바꿀 것을 제안했다.

그녀는 1788년과 1789년에 쓴 '흑인들에 대한 충고'와 '인간의 원초적인 행복'이라는 글에서, 인간의 본성은 선하고, 아름답고, 존중받을 만하다는 루소의 논문을 자기 식으로 재해석했다. 사생아인 그녀는 자신을 '자연의 자식'이라 칭했다. 계몽사상과 이성에서 영감을 얻은 그녀는 솔직 담백하고 혁신적인 사고로 점철된 '다이아몬드 원석'(5)에 비유되는 독창적인 작품을 썼다. 그러나 그녀의 작품은 스타일도 비약적이고, 눈에 띌 정도로 문체도 유약하다. 이는 비서들에게 일을 맡기는 우를 범했기 때문이다. 대부분의 동료 작가들이 그렇듯, 그녀 또한 스스로 글 쓰는 것을 끔찍이 싫어했다. 그녀의 글들은 비서들이 받아 쓴 것들이어서 꼼꼼히 읽지 않으면 불편할 정도다.

후대 일부 지식인만 기억하는 '선구자'

그녀는 혁명기에 발표한 희곡과 1789년 이후에 발표한 모든 작품들, 특히 팸플릿 형태로 펴낸 '민중에게 보내는 편지'와 1788년에 쓴 '애국적인 충고'를 통해 수시로 여론을 형성했다. 팸플릿 용어나 심지어는 선동가의 용어들이 그녀에겐 안성맞춤이었다. 그녀는 4쪽에서 약 50여 쪽 분량에 이르는 고전적인 소책자를 통해 꾸준히 자신의 주장을 펼쳤다. 그중 『왕과 왕비에게 보내는 편지들 혹은 프랑스 정신』이 그 대표적 사례다.

그녀는 1792년과 1793년, 자신의 의견을 손쉽게 전파·확산하기 위해, 전쟁, 국민통합, 극우파의 독재 강화, 루이 16세의 재판 같은 굵직굵직한 정치적 사건들이 터질 때마다, 포스터 캠페인을 전개했다. 또 옥중에서 마지막으로 쓴 글 '박해받은 한 여성 애국자'에서 표현의 자유를 다시 언

〈자도르(J'adore)〉, 2021

급했다.

최근까지도 박학다식한 일부 지식인을 빼고는 올랭프 드 구주를 아는 사람이 없었다. 그러나 당시 가족적, 종교적 전통과 구습에 짓눌려 지내던 나라에서 그녀는 풍성한 인간성을 설파한 주역이었다. 그래서 그녀의 발언엔 항상 위험이 도사리고 있었고, 사람들은 그녀를 상대로 풍자만화를 그리거나 협박하는 것도 서슴지 않았다.

인류사 문제를 거론할 때면, 사람들은 자주 콩도르세와 그레고와 신부의 말을 인용하길 좋아한다. 그레고와 신부는 1808년 드 구주를 "흑인들의 불행의 원인을 변론할 줄 알았던" 인물이라 칭하며, 그녀의 예외적인 용기를 최초로 찬양하며 경의를 표했다. 요컨대 인간 문제를 넘치는 온정으로 변론할 줄 알았던 마담 드 구주의 아름다운 용기를 찬양한 것은 당연한 일이었다.

글 · 올리비에 블랑 Olivier Blanc

※ 올랭프 드 구주(1748~1793)
　　드라마 작가이자 사회변혁운동가. 혁명의 변질을 고발했다가 단두대의 이슬로 사라졌다. 그녀는 여성들과 흑인들처럼 억압받고 착취당하는 모든 사람들을 위해 최초로 평등권을 주창한 여성 중 한 명이다. 일관된 성찰과 굽히지 않는 정의의 의미를 내세우며, 그녀는 본성에 충실한 여성이 되기를 바라는 사회를 부단히 뒤흔들어 놨다. 최근 역사학자들과 페미니스트들은 당대, 어쩌면 우리 시대보다도 더 앞서간 이 잊힐 뻔한 여성을 재조명하기 위해 애쓰고 있다.

(1) 사교활동공간인 '살롱'은 이 무렵에 등장해, 19세기 초에 본격 유행했다.
(2) 노예제도를 다룬 연극 작품에서, 그녀는 살인을 저지른 한 농장의 관리인, 흑인 자모르의 처형을 막기 위해 쟁점화한다. 1790년 5월, 그녀는 옛 왕실 법정을 일종의 중범 재판소인 민중고등법원으로 대치시켜 달라는 국회 청원과 함께 다시 법정문제를 야기했다.
(3) 루이 14세 때 제정된 이 법은 식민지의 '니그로'들을 노예라는 지위로 규정해서 노예로 삼는 것을 정당화했다. 나폴레옹은 제 2공화국 때 폐지됐던 노예 제도를 1802년 한층 강화시켜 복원시켰다.
(4) 그녀의 이러한 주제를 다룬 작품 〈수도원 혹은 강제된 소망〉이 1791년과 1792년 파리와 지방에서 공연되며 대단한 성공을 거뒀다.
(5) 미라보는 그녀를 가리켜 "우리는 대단한 발견을 한 무명인에게 빚을 졌다"고 말했다.

페미니즘, 거리에서 화면으로

플로랑스 보제 Florence Beaugé

〈르몽드〉 기자. 정신의학자와 저널리스트의 두 직업을 넘나들다가 2000년 〈르몽드〉에 정식 입사해,
11년을 튀니지 등 마그레브 지역을 취재한 뒤에 최근에는 개발 도상국가들의 문제를 주로 다루고 있다.

미국의 페미니즘 운동은 여전히 활발하다. 그러나 페미니즘 운동이 너무 다양하고 예기치 못한 방식으로 나타나기에, "페미니즘 운동이 사라졌다"는 부당한 오해를 받기도 한다. 전미여성기구(NOW)와 에밀리스 리스트(Emily's List) 같은 민주당 성향의 전통적인 대규모 여성운동조직 외에도, 수많은 비당파적 운동들이 인터넷 상의 소셜네트워크, 사이트, 블로그 등을 통해 꽃을 피우고 있다. "'좋아요' 버튼이나 자판의 클릭이 이전 세대의 데모와 시위를 대신해버렸다. 커뮤니케이션이 정치적 방식을 대체했다"고 캘리포니아에 정착한 여성 작가인 캐롤린 버크가 확인시켜 준다.

이런 페미니즘 운동의 한 형태인 '뉴룩(New look)'이 '팝 페미니즘'과 더불어 음악무대에서 꽃을 피우고 있다. 대표적으로 가수 비욘세가 이 뉴룩 페미니즘의 '요정'으로 꼽힌다. 그러나 이런, 섹시하고 도발적인 '여전사'들의 방식이 만장일치를 끌어내지는 못하고 있다. 이런 뉴룩에서 어떤 이들은 여성해방의 상징을 보지만, 또 다른 이들은 단순히 마케팅의 도구로 보기 때문이다.

그러나 스마트폰의 작은 화면들, 시리즈물들, 오락 방송들이 새롭게 등장한 페미니즘 운동의 매개물이 되고 있다. 코미디언이자 시리즈물 〈걸스(Girls)〉의 연출가인 레나 던햄이나 코미디언 배우인 에이미 포엘러는 젊은 세대에게 엄청난 환호를 받고 있다. 시리즈물 〈마스터스 오브 섹스(Masters of Sex)〉도 마찬가지인데, 이 시리즈는 교육적인 측면을 더 강조하고 있다.

◀ 〈열쇠구멍 1〉, 2016

미완의 투쟁

Kelly Sue DeConnick & Valentine De Landro, 『Bitch Planet』, Glénat, 2016

불특정 미래에 '부적합' 판결을 받은 여성들은 종신형을 선고받고 '악녀 행성'으로 불리는 위성에 수감됐다. 페넬로프 롤은 자신이 원하는 이상적인 본인의 이미지를 투영한 뒤 이 이미지에 부합하기 위해 온갖 노력을 강요받았다. 그녀는 이러한 조건화에 용감하게 저항했다.

아이리스 브레이는 1968~1970년의 급진적 여성투쟁을 무대에 올린 바 있다. "우리는 시청자가 과격적이지 않게 급진적인 시대를 발견할 수 있도록 시청자를 이끌고 있다"라고 〈섹스 앤 시리즈물(Sex and Series)〉의 작가인 브레이는 설명했다.(1) 이 프랑스계 미국 작가에 따르면 "현대의 중심 이슈는, 개인의 성이 생물학적 성에 의해 결정되지 않는다는 사고를 옹호하는 퀴어이론 (Queer theory · 성과 젠더에 관한 반본질주의적 이론으로, 인간의 성적 정체성과 젠더 정체성은 사회적으로 구성됐다고 주장)과 젠더 페미니즘 운동을 중심으로 전개되지 않는다"고 말한다. 아마존 비디오(Amazon Video)의 성공 시리즈물 〈트랜스패런트(Transparent)〉는 성을 바꾸려고 결심한 가장의 '커밍아웃'을 다루고 있다.

뉴욕과 그 밖의 대도시들에서는 '시즈젠더(Cisgender · 신체성과 사회적 성이 일치하는 사람)', '이성애 규범(Hétéronormatif)' 등과 같은 새로운 단어들이 등장했다. "사람들은 더 이상 '그녀'와 '그'로만 정의되길 원치 않는다"고 작가이자 프랑스계 미국인 여성 운동가 카트린 텍시에가 이를 확인시켜 준다. 텍시에에 의하면, "성의 이분법은 산산조각 날 것이다. 스펙트럼이 가장 남성적인 것에서 가장 여성적인 것까지 다양해진다. 사람들은 더 이상 정해진 틀에 갇혀 있기를 원하지 않는다"고 말한다.

이런 상황에서 '교차성 페미니즘'(2)을 고려해야 한다. "페미니즘이란 단어는 더 이상 여성들의 투쟁만을 가리키지 않는다. 이 단어는 성 평등을 위한 나팔소리가 돼버렸다"라고 오리건 태평양 대학의 교수 마르타 램프턴이 지적한다. 1960년대부터 미국 페미니즘 운동의 화신으로 평가받는 글로리아 스타이넘은 "흑인여성들이 젠더, 인종, 성적 취향, 사회계급 등 다양한 영역에서 이중희생을 겪어가며 변화의 진정한 당사자들이 됐다"(3)고 생각한다.

2013년 경찰들의 폭력에 대응하기 위해 흑인 여성운동가들이 시작한 '흑인의 생명도 중요하다(Black Lives Matter)'라는 운동이 이런 새로운 경향을 잘 보여준다.(4) 이 운동은 여성들과 레즈비언, 게이, 양성애자와 트랜스젠더(LGBT) 공동체의 지지를 받았다. LGBT는, (힐러리 클린턴으로 대표되는) 이성애자들과 부르주아들이 주류를 이루는 '백인 페미니즘' 운동에서는 인정받지 못하고 있다. 몇몇 아프리카계 미국 여성들은 '페미니즘'이란 단어보다 '우머니즘

(Womanism)'이란 단어를 더 선호한다.(5) 이들은 이 단어가 더 폭넓고 인간적이며, 보편적이고 조화롭다고 생각한다.

이 용어는 흑인 노예출신의 여성운동가 소저너 트루스를 기념하고 있다. 1851년, 오하이오州 애크런에서 열린 여성인권회의에서 과거 노예였던 트루수가 이 연설을 했다. 이때 그녀가 말한 "나는 여성이 아닌가요?"(6)라는 문구가 널리 사용되며 유명해졌고, 역사에 남게 됐다. 훨씬 예전에 이 미국 페미니즘 운동의 선구자는 '여성'뿐 아니라 '흑인 여성'으로 살아간다는 것이 얼마나 어려운지 간파했던 것이다.

글 · 플로랑스 보제 Florence Beaugé

(1) 아이리스 브레이(Iris Brey), 『섹스와 시리즈물. 여성성, 텔레비전 혁명』, 소아프 출판사, 미오네(Mionnay), 2016년.
(2) 교차성 페미니즘은 여성이 당하는 불평등이 젠더, 인종, 사회 계급 등 복합적으로 파생된 결과물이라고 본다. 한 사람의 사회적 정체성을 규정하는 범주는 단일하지 않으며 다양한 측면이 상호교차적으로 작용한 결과라는 점을 강조한다. 그 예로, 흑인이면서 동시에 여성인 사람이 받는 차별을 들 수 있다.
(3) 힘 있는 고위직 흑인기업 여성들의 모임에서 이뤄진 선언, 포트 로더데일, 2015년 3월.
(4) 실비 로랑(Sylvie Laurent), '흑인의 생명도 중요하다, 투쟁의 부흥', 〈마니에르 드 부아〉 149호, 2016년 10~11월.
(5) 1980년대에 여성작가 앨리스 워커(Alice Walker)에 의해 도입된 개념이다. 앨리스 워커는 페미니즘이란 것이 '우머니스트(Womanist)' 운동의 한 부분에 불과하다고 생각한다. 이 단어는 프랑스어로 번역되지 않는다. '페미니튜드(여성고유의 특성)'에 가까운 의미로 추정된다.
(6) "저기 저 남성이 말하는군요. 여성은 탈것으로 모셔 드려야 하고, 도랑은 안아서 건너드려야 하고, 어디에서나 최고 좋은 자리를 드려야 한다고. 아무도 내게는 그런 적 없어요. 나는 탈것으로 모셔진 적도, 진흙구덩이를 지나도록 도움을 받은 적도, 무슨 좋은 자리를 받아본 적도 없어요. 그렇다면 나는 여성이 아닌가요? 날 봐요! 내 팔을 보라고요! 나는 땅을 갈고, 곡식을 심고, 수확을 해왔어요. 그리고 어떤 남성도 날 앞서지 못했어요. 그래서 나는 여성이 아닌가요? 나는 남성만큼 일할 수 있었고, 먹을 게 있을 땐 남성만큼 먹을 수 있었어요. 남성만큼이나 채찍질을 견뎌내기도 했어요. 그래서 나는 여성이 아닌가요? 난 13명의 아이를 낳았고, 그 아이들 모두가 노예로 팔리는 걸 지켜봤어요. 내가 어미의 슬픔으로 울부짖을 때 그리스도 말고는 아무도 내 말을 들어주지 않았어요. 그래서 나는 여성이 아닌가요?", 소저너 트루스의 연설 '나는 여성이 아닌가요?'(1851)의 한 대목.

여성사(女性史) 속 최초의 기록들

1236년 6월 3일. 베티시아 고차디니는 이탈리아 볼로냐 대학에서 법학 박사 학위를 취득하고 1239년 여성 최초로 대학 강단에 섰다.

1401년 2월 1일. 여류 작가 크리스틴 드 피장은 공개서한을 보내 13세기 말 장 드 묑이 집필한『장미꽃 이야기(Roman de la Rose)』속편에 담긴 성차별주의와 여성 혐오를 규탄했다.

1622년. 마리 드 구르네는『남녀평등(Égalité entre les hommes et les femmes)』에서 남성과 여성간 위계적 분화 문제를 고찰하고 이러한 이원론을 뛰어넘길 촉구했다.

1791년 9월 14일. 올랭프 드 구주는 '여성과 여성 시민의 권리 선언문'을 발표했다.

1792년 9월 20일. 교회는 1215년 이후 이혼을 금지했지만 프랑스 혁명 이후 여성이 이혼을 요구할 수 있는 권리가 보장됐다. 여성의 이혼 요구권은 1816년 왕정복고로 폐지됐다가 1884년 복권됐다.

1836년 6월 23일. 프랑스에서 여성 초등 교육이 실시되기 시작했다.

1842년 8월 10일. 영국은 여성의 광산 노동을 금지했다. 1847년, 여성 공장 노동자의 일일 노동 시간은 10시간으로 단축됐다.

1871년 3월 18일~5월 27일. 파리 코뮌 반군은 남녀 임금 평등, 여성 교육권, 이혼 요구권을 보장하는 조치들을 채택했다.

1873년. 미국 보스턴에 여자도 모든 학과에 입학할 수 있는 대학이 최초로 수립됐다.

1880년 12월 21일. 카미유 세(Camille Sée) 법으로 프랑스의 여성 중등 교육 제도가 수립됐다. 하지만 1924년이 되어서야 여성도 바칼로레아를 치를 수 있었다.

1881년 4월 9일. 여성은 남편의 동의 없이 예금 통장을 만들 수 있게 됐다. 1907년부터는 여성도 자신이 번 돈을 마음대로 쓸 수 있게 됐다.

1893년 9월 19일. 뉴질랜드는 세계 최초로 여성에게 투표권을 부여했다. 핀란드는 1906년, 러시아는 1918년, 프랑스는 1944년 여성의 투표권을 보장했다.

1920년 11월 19일. 볼셰비키 혁명 이후 러시아는 세계 최초로 낙태를 합법화했다. 프랑스에서는 1975년 1월 17일 베이(Veil)법으로 낙태가 합법화 됐다.

1974년 7월 1일. 아르헨티나에서 세계 최초 여성 대통령 이사벨 페론이 취임했다.

1975년 9월. 국제연합(UN)은 멕시코에서 제1차 세계 여성 회의를 개최했다.

미완의 투쟁

3부 성의 대상에서 성의 주체로

인류 역사 이래 '성의 대상'이었던 여성들이
'성의 주체'로 전환되는 과정은 어땠을까?

〈리허설2〉, 2021

국가가 방조한 강간범죄의 민낯

소피 부불 Sophie Boutboul

기자. 프리랜서 기자로, 여성들에게 가해지는 폭력과 차별문제를 주로 다루고 있다.
〈르몽드 디플로마티크〉를 비롯해, 〈르몽드〉, 〈메디아파르(Mediapart)〉, 〈파리마치〉 등에 정기적으로 글을 쓰고 있다.

프랑스 강간사건의 60~80%는 중죄법원이 아닌 경죄법원에서 판결이 이뤄진다. 이에 법무부는 중죄법원의 업무 혼잡을 막기 위한 관행이라고 한다. 하지만, 피해자의 입장과 재범예방 측면에서 볼 때 이는 그리 간단한 문제가 아니다.

피해조사 자료에 의하면, 프랑스에서는 매년 8만 4천 명의 여성과 1만 4천 명의 남성들이 강간 또는 강간미수의 피해자로 집계된다.(1) 하지만 이중 유죄판결은 약 1,500건에 불과하다. 형법에 따르면 강간죄는 '폭행, 강제, 협박 또는 기망을 통해 성적인 삽입행위를 하는 것'으로 정의되며, 범죄자는 20년 징역형에 처한다. 이 수치는 피해자가 당면한 난관을 잘 보여준다고 할 수 있다. 강간퇴치 여성단체(2)에 의하면, 강간 가해자는 피해자의 침묵을 강요하고, 경찰서는 상해진단서 누락이나 관할 경찰서가 아닌 곳에 신고했다는 구실로 신고접수를 거부한다. 치안 당국의 집계를 보면, 신고 건수는 연간 1만 2천 건에 불과하고,(3) 그 중 2/3는 검찰로부터 기소유예처분을 받는다.(4)

강간이 '단순 경죄'로 취급받는 게 마땅한가?

소송으로 이어지는 고소 중 경죄법원에 회부되는 강간사건들이 있는데, 이는 법원 관련자와 피해자 지원협회들을 제외하고는 일반인들에게 잘 알려지지 않은 방식이다. 경죄법원 회

〈키스 시리즈 중〉, 2015 ▶

부는 다양한 경로로 이뤄진다. 예컨대, 검사나 수사 판사가 강간의 범죄성을 인정하기에 증거가 불충분하다고 판결을 내릴 수 있다. 가장 논란의 여지가 많은 것은 강간이 확실한 상황인데도 강간사건이 최종적으로 단순 경죄인 성추행으로 처리되는 경우다. 사법경찰의 일반 예비수사나 현행범 수사 후 검찰이 처음부터 경죄법원에 회부하거나, 혹은 심리 후 판사가 자신의 재량적 판단에 따라 피해자의 동의를 얻어 경죄법원으로 회부하는 경우가 그렇다. 많은 법률가들이, 소송으로 이어지는 고소의 60~80%가 이에 해당한다고 말한다. 센생드니 여성폭력연구소에 따르면, 2013년~2014년에 보비니 법원이 판결한 성폭행 사건의 43%는 사실 경죄법원으로 회부된 강간사건이었다.(5) 강간 형벌은 1791년 형법이 채택된 이래 가해자에 대한가장 무거운 벌이다. 하지만 법정에서 강간에 대해 목소리를 내기 위해서 강간 피해자들은 고통의 시간을 보내야 했다. 오랫동안, 강간의 법적 정의는 '합의 없이 행해지는 여성과의 성교행위'(6)로 한정돼 있었다.

1978년, 여성권리보호협회(Choisir la cause des femmes)와 지젤 알리미 변호사는 해변에서 캠핑 중이던 여성 두 명의 윤간 피해사건을 세상에 알렸다. 이른바 '엑상프로방스 사건'은 1980년 제정된 법의 초석이 됐다. 이 사건은 '폭행, 강제, 협박 또는 기망'을 통해 강간을 합의하의 성관계로 악용하는 사례를 근절하는 계기를 제공했으며, 강간을 '구강이나 항문에 성기를 삽입하거나 손가락 또는 도구를 삽입하는 모든 행위'로 재정의하면서 강간의 정의 범위를 확대했고, 남성도 강간 피해자로 인정하는 계기를 마련했다. 자신들의 사건이 경죄법원으로 회부되는 것을 막기 위해 투쟁한 피해자들 덕분에 이 사건은 강간의 범죄성을 재확인하는 계기가 됐다. 역사학자이자 엑상프로방스 사건을 다룬 저서(7)의 공동저자인 장이브 르 나우르는 이렇게 지적했다. "1978년 전에는 살인으로 이어지는 경우를 제외하고는 모든 강간사건이 경죄법원으로 회부됐고, 형사범의 등급을 낮춰 성추행으로 간주했다. 오늘날, 강간사건이 경죄법원으로 회부되는 수가 줄어들긴 했지만, 과거에는 언급되지 않았던 예산 부족을 이유로 들면서 여전히 경죄법원에서 자주 처리되고 있다."

장노엘 게리니 사회당 상원의원이 강간혐의 사건에 대한 처벌 여부를 묻는 서면 질의에 10

월 5월 법무부는 다음과 같이 답변했다. "중죄법원의 업무 혼잡을 막기 위해서는 경죄법원으로의 회부가 필요하다. 그렇지 않으면 사건처리에 마비가 온다." 이런 이유로, 2004년에 제정된 '페르벤II' 법은 강간사건의 중죄법원 회부를 제한하고, 우선 경죄법원을 거치도록 하는 목적으로 형사소송절차법 469조항을 수정했다. 법관노조연합에서 중책을 맡은 뱅자맹 블랑셰 판사는 "우리가 처리할 수 있는 업무량이 정해져 있기 때문에 불법이긴 해도 경죄법원 회부는 불가피하다. 중죄법원들이 모든 성범죄를 처리하기엔 역부족이다"라고 말했다.

상부에서도 관행처럼 굳어진 만큼 판사들에게 경죄법원 회부는 자연스러운 일이다. 법은 강간 방식을 세분화하지 않지만, 판사들은 죄질에 초점을 맞춰 강간을 분류한다. 크레테유의 사라 마수 수사 판사는 이에 대해 다음과 같이 설명했다. "솔직히 말하겠다. 우리는 손가락을 이용한 강간과 성기삽입 강간을 똑같이 대한다. 손가락을 삽입한 경우와 성기를 삽입한 경우를 구분 짓는 것은 잔혹한 일이다. 한 사람의 인생을 무너뜨릴 수도 있는 끔찍한 일이기 때문이다. 피해자의 정신적 고통을, 법률상 강간의 구분 기준에 따라 측량할 수는 없다."

그러나 실제로 프로방스알프코트다쥐르 범죄 지역연구소의 의뢰로 사회학자들이 시행한 연구의 377개의 문서 중 강간미수나 손가락을 이용한 강간사건이 중죄법원에서 다뤄진 경우는 단 한 건도 없었다. 보비니의 소년사건담당 에두아르 뒤랑 판사는 말했다. "현행법은 원칙상 성적삽입의 방식에 구분을 짓지 않으며, 또한 죄질의 정상참작을 고려하지 않고 있다."

사라 마수 수사 판사는 수사판사로 일하기 전 자신의 검사 대리 시절을 언급했다. "미성년자 담당 검찰청에서 근무할 때, 심리절차도 없이 강간사건이 처음부터 경죄법원으로 회부되는 것에 반감을 품고 있었다. 어떤 결정을 내리기 전에는 사건과정을 이해하기 위한 수사가 필수적이기 때문이다." 수사 판사로 활동 중인 현재, 그는 자신의 '재량적 판단에 따라' 강간사건을 경죄법원으로 회부한다. 사라 마수 수사 판사는 다음과 같이 설명했다. "규칙이 따로 있는 게 아니어서, 먼저 상황을 분석한다. 강간 피해자와 가해자로 추정되는 용의자와의 대질(중죄법원의 경우 이 절차가 매우 길다)이 불가능해 보일 경우 사건을 중죄법원으로 보내지 않는다. 반면 수차례 강간을 당한 피해사건, 재범 사건 등은 중죄법원에 가기도 한다."

성의 대상에서 성의 주체로

무엇보다, 피해자의 의사를 존중해야

"첫째는 피해자의 의사를 존중할 것, 둘째는 사건의 중요성을 고려할 것, 셋째는 배심원은 일반인 중 선정되는 점을 충분히 고려해 배심원들의 반응을 예상하는 것이다. 가령, 배심원은 배우자 한쪽이 변태성욕자일 경우 발생하는 부부 간 강간사건에 대해서는 잘 모른다. 이 경우는 경죄법원에서 치안판사들이 잘 다룰 수 있는 사건이다."

플렁 경죄법원장이자 전 수사판사였던 이자벨 테리 고티에의 설명이다. 피해자의 의사파악 단계(심리 후 '재량에 따른' 경죄법원 회부 여부를 결정할 때만 거치는 단계)는 피해자에게 부담감을 줄 수 있다. 소송에 관여하는 것은 본래 검찰의 역할이기 때문이다. 리자 라오네 변호사에게는 잊지 못할 사건이 있다. 미성년자가 두 소녀를 강간한 사건에 대한 경죄법원 회부 여부를 결정했던 일이다. 리자 라오네 변호사는 "의뢰인들은 막중한 부담감 때문에 고통스러워했다. 이는 소송당사자가 감당할 몫이 아니다"라고 지적했다.

19세에 강간당한 40대 여성 나디아(8)는 당시 상황을 회상했다. "나를 심문한 판사는 중죄법원에서 피고 변호사가 나를 힘들게 할 거라고 말했다. 나는 누구보다 당당하며 겁날 게 없다고 밝혔다. 하지만 판사는 중죄법원까지 가면 주변인 수사가 있을 거라고 말했다. 가족들에게 수치스러운 상황을 겪게 하고 싶지 않아 내 사건은 결국 경죄법원으로 회부될 수밖에 없었다." 선거공판은 30분 만에 끝났고, 나디아에게 발언권이 주어진 부분은, 본 사건에 대한 입장 유지 여부에 관한 것뿐이었다. 나디아는 "가해자에게 4년이 선고됐다. 가벼운 형량에 대한 불만은 없다. 하지만 경죄법원의 표면적인 조사방식엔 불만이 많다! 가해자가 과거에 16세 소녀를 강간한 혐의로 고소를 당한 적이 있었지만 기소유예처분을 받았다는 사실을 내 소송자료를 보고 알게 됐다"라고 덧붙였다. 이자벨 스테예 형법변호사는 "중죄법원에서 이뤄지는 절차는 고통스럽기는 하지만 모든 가능한 문제들이 제기된다. 결국, 중죄법원은 국민을 위한 사법의 역할이 제대로 이뤄지는 곳인 셈이다"라고 강조했다. 11세 때 이웃집의 소아성애자 부부에게 강간당한 36세 여성, 나탈리의 사건 역시 경죄법원에서 다뤄졌다. 나탈리는 "당시 나는 어렸지만, 변호사의 설명을 듣고 난 후 중죄법원의 판결을 통해 가해자들이 제대로 처벌받기를 원한다고 대답했다"라고 회상했다. 몇 년 후, 나탈리는 아버지로부터 변호사와 수사판사가 사건을 경죄법원으로 회부할 것을 권했다는 얘기를 들었다. 중죄법원의 재판과정은 심적으로 힘들 거라는 이유를 들면서 말이다. 나탈리는 말했다. "사건이 경죄법원에 회부되면 어떤 식으로 공판이 진행될지, 가해자들과도 어떤 형식에 따라 대질하게 될지에 대한 언급이 전혀 없었다. 부모님에게는 그들이 권유한 대로 경죄법원 외에 다른 방법이 없었다."

서둘러 사건을 처리함으로 생기는 사법상의 오류를 줄이기 위해 일부 법원에서는 경죄법원으로 회부된 강간사건을 전통적인 경죄들과는 차별을 둬 다루고 있다. 플뢩 경죄법원장인 이자벨 테리 고티에는 "우리 경죄법원에서는 회부된 강간사건들을 사기나 절도 사건들과 섞어서 재판하지 않는다. 만약 그렇다면 끔찍할 것이다. 종일 자세하게 심리를 진행한다"라고 말했다. 이런 진행방식이 모든 법원에서 가능한 것은 아니다. 사라 마수 판사가 유감스러운 어조로 설명했다. "경죄법원으로 회부된 강간사건을 위해 법정에 소환되는 증인이나 전문가가 부족하다. 대마초 소지자에게도 공판시간을 30분이나 할애하는데도 강간사건 공판에 할애하는 시간이 너무 부족한 현실이다."

나탈리는 자신을 강간했던 가해자들에 대한 소송에 참여하지 않았으나, 후에 자신의 사건이 강간으로 인정되지 않았음을 보여주는 자료를 발견했다. 나탈리는 말했다. "한 사회를 대변하는 법원이 내 사건을 강간이 아니라 성추행으로 간주했다. 진실을 앗아간 것이다. 이 사건을 마침내 제대로 이해하기까지 몇 년의 시간이 걸렸다. 명백히 강간이었고, 내 사건은 중죄법원에서 판결했어야 하는 사건이었다."

"경죄법원으로의 회부는 피해자가 새로운 삶을 꾸리는 것에 제동을 거는 부당한 처사로, 피해자는 강간사건이 제대로 판결되지 않는다고 생각한다." 과거 파리법원에서 전문가로 근무했던 제라르 로페즈 정신과 의사는 이처럼 말하며, 자신의 환자들에게 중죄법원에서 판결받을 것을 권한다. 아주르 슈미트 변호사는 "소송에서 치안판사는 소신껏 합당한 판결을 내리지만 법적인 시각으로는 강간이 아니라 성폭행으로 판결 난다"고 지적했다. 또한, 파리 2대학의

성의 대상에서 성의 주체로

디디에 르뷔 형법 교수는 "판사가 흉기휴대절도 사건을 경죄법원으로 회부할 시 '흉기' 소지라는 가중사유를 소송문서에서 삭제해도 '절도'라는 단어는 남는다. 하지만, 강간사건의 경우에는 '강간'이라는 단어가 아예 사라져버린다"고 설명했다.

경죄법원 회부는 비단 피해자에게만 해를 끼치는 게 아니다. 디디에 르뷔 교수는 이 점을 지적했다. "범죄기록이 현실('강간'이 아니라 '성추행'으로 판결)을 정확하게 반영하지 못하기 때문에 성폭력 통계에 신뢰성이 결여돼 재범의 예방이 어려워진다. 그뿐만이 아니다. 피고인들의 평등을 침해한다. 같은 범죄를 저질렀는데도 각 지역에 따라, 누구는 중죄법원에서, 누구는 경죄법원에서 판결을 받기 때문이다." 게다가 성폭행 및 강간에 대한 형량은 법원마다 다르다. 센생드니 여성폭력연구소에 의하면, 2013~2014년에 경죄법원에서는 피고인의 36%가 3~6년을, 중죄법원에서는 피고인의 85%가 5년 이상을 구형받았다.(9) 몇 년 전부터 강간사건 처벌에 움직임이 일기 시작했다. 독립기관인 평등 최고위원회는 2016년에 '형사공문을 통해 강간범죄가 인정돼 중죄법원에서 재판이 이뤄지도록 검찰에 요청'하는 내용의 '강간의 더 공정하고 사회적인 사법적 형의 선고'를 위한 의견을 개진한 바 있다. 하지만, 법무부 총괄 행정처는 이 권고를 이행하지 않았다. 2013년 강간 피해자를 대변하는 한 변호사가 세 가지 주요 합헌성 문제를 제기한 바 있다. 대법원은 이 사안의 헌법위원회 전달을 거부했다. 그런데 2011년, 자신의 강간사건을 경죄법원에 회부한 기소결정의 항소를 거절당했던 피해자에 대해 유럽인권재판소는 국가가 피해자의 '법원 접근성을 침해'했다고 유죄판결을 내린 적이 있었다. 피카르디 대학의 미카엘 베니루슈 형법 조교수는 "계속 유죄판결이 내려지다 보면 입법부는 469조항을 삭제할 수밖에 없을 것이고, 치안판사가 더는 위법행위를 할 수 없을 것"이라며 기대를 내비쳤다. 집행기관과 사법기관들의 저항에 부딪힌 일부 법률가들은 타협점을 제시한다. 아주르 슈미트 법률가는 '형사적 권한을 가지는 성폭력 특별법원'을 제안했으며, 평등 최고위원회 회원이기도 한 보비니의 에두아르 뒤랑 판사는 "무엇보다도 적정기간 내에 중죄를 재판할 수 있는 법적능력과 재정·인적지원이 중죄법원에 제공돼야 하며, 중죄를 경죄로 판결하는 대신 짧더라도 중죄법원에서 공판의 기회를 가지는 게 낫다"라고 말했다. 강간퇴치 여성단체 회장이기도 한 에마뉘엘 피에 의사는 자신의 경험을 들어 설명했다. "남동생을 강간한 환자와 함께 경죄법원 공판에 참석한 적이 있었다. 가해자, 피해자, 어느 누구도 '강간'이라는 단어가 생략된 채 내려진 유죄판결을 이해하지 못했다. 소송이 사람을 치유할 수는 없겠지만, 피해자는 적어도 중죄법원에서 사회가 자신의 이야기에 귀 기울여준다는 걸 느낄 수 있다."

글 · 소피 부불 Sophie Boutboul

(1) Cadre de vie et sécurité(CVS)(생활과 안전) 조사, 2010년~2015년, 프랑스통계청(Institut national de la statistique et des études économi
ques)−범죄 및 형사적 대응 국립연구소(Observatoire national de la délinquance et des réponses pénales).
(2) http://cfcv.asso.fr
(3) 국토안보부처통계과(Service statistique ministériel de la sécurité intérieure) 참조.
(4) 베로니크 르 고아지우의 지휘 아래 프로방스알프코트다쥐르의 범죄 지역연구소(Observatoire régional de la délinquance de Provence−Alpes−Côte d'Azur)에서 시행한 연구결과에서 참고.
(5) 베르티유 보디노, Les viols et les agressions sexuelles jugés en 2013 et 2014 en cour d'assises et au tribunal correctionnel de Bobigny(2013~2014년 보비니 중죄법원 및 경죄법원에서 판결된 강간과 성폭행 사건들), 센생드니 여성폭력연구소(Observatoire départemental des violences envers les femmes du Conseil départemental de la Seine−Saint−Denis) − 보비니 지방법원, 2016년 3월.
(6) 조르쥬 비가렐로, Histoire du viol. XVIe−XXesiècle(강간의 역사−16~20세기), Seuil, Paris, 1998년.
(7) 장이브 르 나우르&카트린 발렌티, Et le viol devint un crime(강간이 범죄가 될 때), Vendémiaire, 파리, 2014년. Viol. Le procès d'Aix(collectif(엑상프로방스 사건), Gallimard, 파리, 1978년도 참조.
(8) 익명으로 인터뷰를 진행했음.
(9) 베르티유 보디노, Les viols et les agressions sexuelles jugés en 2013 et 2014 en cour d'assises et au tribunal correctionnel de Bobigny(2013년~2014년 보비니 중죄법원 및 경죄법원에서 판결된 강간과 성폭행 사건들), op. cit.

성의 대상에서 성의 주체로

〈스칼릿〉, 2020

신은 여성 혐오자인가?

앙리 텡크 Henri Tincq

종교전문가. 〈르몽드〉의 종교담당 기자(1985-2008)로 활동했으며,
『가톨릭주의; 교조주의자들의 귀환(Catholicisme; le retour des intégristes)』(2009),
『가톨릭 교도들(Les Catholiques)』(2008), 『이슬람 살리기(Vivre l'islam)』(2003) 등 10여 권의 종교서적을 저술했다.

페미니스트들에게 있어, 종교란 달갑지 않은 존재다. 여성혐오증이 종교에서 시작됐다고 믿기 때문이다. 종교적 교리들도 성차별적이라고 생각하기 때문에 반(反)종교운동에서 페미니스트 운동으로 확대된 경우도 많다. 반면 여성 신도들은 오래전부터 종교체제를 내부에서부터 뒤흔들려는 노력을 계속해왔다. 평등주의 관점에서 경전을 재해석하는 방식으로 말이다. 과연 이 여성들은 누구인가? 그들이 주장하는 바는 무엇이며, 어떤 방식으로 그들의 종교에 변화를 가져왔는가? 종교적 페미니즘과 비종교적 페미니즘은 양립할 수 있을까?

신은 여성을 창조했다. 그저 멸시하려고 만든 것일까? 그리 단순하지가 않다. 일신교들의 경전이 남성적 헤게모니와 조직적인 여성 혐오의 온상이긴 하지만, 그 안에서도 여성들이 중심적 위치를 차지하고 있으니 말이다. 천국의 문 앞에 사람들이 두 줄로 서 있다. 이 중 긴 줄에는 수백 명의 남성들이 몰려있다(여성은 단 한 명도 없다). 신 앞에 선 그들은 이렇게 말한다. "우리는 평생을 아내한테 휘둘리며 살았습니다." 또 다른 줄에는 딱 한 명의 남성이 있다. 신이 그에게 무슨 일을 했는지 묻자 이렇게 대답한다. "저는 아무것도 모릅니다. 그저 아내가 시켜서 이 줄에 섰을 뿐입니다." 이는 유대인들의 오래된 농담으로, 남성이 여성보다 우월한 듯 보이는 현실을 의미심장하게 담아내고 있다.

이런 유머와 조롱이 일신교들의 성차별에 맞설 마지막 무기인 것인가? 지난 한 세기 동안 페미니스트들이 외친 분노의 목소리만으로는 충분치 않았다. 전통 유대교인들은 여전히 "주님, 저를 여자로 태어나지 않게 하심을 감사드립니다"라는 아침기도를 한다. 사실 유대교에는 613개의 율법이 있는데, 남성들은 '운 좋게도' 이 모든 율법을 따라야 하는 반면, 여성들은 이

성의 대상에서 성의 주체로

의무에서 '면제'된다. 그러나 위선도 이런 위선이 없다! 면제라는 말로 결국 여성을 배제시킨 것이니 말이다. 일례로, 여성은 유대교 예배의식에서 발언할 권리가 없다. 탈무드 연구학자 릴리안느 바나에 의하면, 이는 할라카(유대교 법)에서 온 것이 아니라, 공적 세계에서 여성을 소외시키는 유대교의 '남성 우월적이고 성차별적인 비전'에서 비롯됐다고 한다.

그렇다면 가톨릭교의 상황은 이보다 나을까? 제2차 바티칸 공의회에서 로마 생피에르 성당의 벨기에 출신 추기경이 "도대체 인류의 절반은 어디에 있는가?"라며 놀라워했던 일을 기억할 것이다. 교회의 운명을 결정짓는 중요한 자리에 온통 남성들만 줄지어 앉아있었던 것이다. 물론, 1960년대부터 여성 평신도들의 교육 및 학력 수준이 높아지면서 본당 평의회와 주교 평의회에 참석할 수 있게 됐고, 더 나아가 로마 교황청에까지 진출하게 된다. 여성들은 교리교육에서 핵심적 임무를 수행하며, 사제들에게 은퇴를 권고하고 신학을 가르칠 수 있게 됐다. 그러나 예외적인 경우를 제외하고는 여전히 미사에서 설교를 할 수는 없다.

결국 '교회당' 안에서의 권리는 얻었지만, '교회' 안에서의 권리는 얻지 못했다. 개혁의 목소리도 있었지만, 여성은 여전히 사제·부사제 서품과 대부분의 결정기관에서 소외되고 있다. 여신도들은 성례에 참석할 신도들을 준비시키지만, 성례 자체는 남성 사제들만 집전할 수 있다(정교분리 이전의 교회는 여성 혐오적이거나 시대에 뒤떨어진 이미지가 아니었다!). 그러나 여성 '해방'이 시작되고 공의회를 통해 평신도의 역할이 확대되자, 교회도 더 이상 정치·산업·언론업계의 남녀평등 수준이 개선된 것을 모른 척할 수 없게 된 것이다. 안느 수파의 표현을 빌리면, 교회 내에 '진정한 여성 프롤레타리아 계급'이 생겨난 것이다.

그런데 알제리 출신 작가 카멜 다우드의 글을 보면, 가톨릭 여신도들보다 더 상황이 어려운 이들이 있다. 바로 이슬람교의 여성들이다. 그에 따르면, "알라의 세계에서 여성은 부정, 거부, 살인, 은폐, 유폐, 소유의 대상이다." 사실상 코란은 부정행위에 대한 의심이 조금이라도 들면 남편이 아내를 때릴 수 있도록 허용하고 있다. 또한, 여성에게 혼전순결을 강요하며, 생리 중인 여성은 '불결하다'는 취급을 받는다. 남편은 아내에게 일방적으로 이혼을 요구할 권리가 있으며, 남성의 법정 증언은 여성의 증언보다 가치가 두 배 더 높으며, 상속문제에 있어서도 아들이 딸보다 두 배 더 많은 재산을 물려받도록 돼 있다. 코란 4장 34절에는 이렇게 적혀있다.

"신이 부여한 특권에 따라, 남성은 여성에 대한 권위를 지닌다. 여자의 부정행위가 의심될 때는 훈계하라. 여자를 가두고 매질하라."

인류를 위한 두 개의 성별

그렇다면 일신교들은 여성에게 재앙과도 같은 존재인가? 이들이 여성에게 재갈을 물린 것인가? 우리는 이 명백함에 동의할 수밖에 없을 것이다. 그러나 잊지 말아야 할 것이 있다. 일신교들의 경전은 특정 시기에 작성돼 여러 문화권을 거쳐 전승됐다. 따라서 이들이 말하는 규율들이 초기 문명, 즉 수메르, 바빌론, 이집트 문명을 거치면서 '조작'됐다는 것이다. 랍비인 델핀느 오르빌뢰르가 다음과 같이 말한 것도 무리는 아니다. "경전이 어떤 사실이나, 그와는 정반대되는 사실을 전하게 만드는 것은 매우 부정적인 일이면서도 상당히 쉬운 일이다. 구절이 삽입되는 문화적·역사적 맥락도 고려치 않고, 그것을 말하고 또 받아들이는 이가 누군지 전혀 생각하지도 않은 채 말이다."

여기에는 세 가지 설명이 뒤따른다. 첫째, 수많은 성차별적 내용을 정당화한 해석에도 불구하고, 성서의 천지창조(창세기) 이야기에서 여성이 하등하다는 증거를 찾을 수 없다. 하나님은 남성과 마찬가지로, 여성에게도 생명을 불어넣으셨다. 하나님은 이들을 남성과 여성으로 창조했으며(1장 27절) 이들에게 아담이라는 남성형이자 여성형인 속명(屬名)을 붙이셨다. 이후 성적 이원성이 생겨나지만(남자의 '갈비뼈'에서 여자가 태어났다), 창세기에서 최초의 인간이 남성형으로 식별된 적은 없다. 하나님은 여성과 남성에게 육체와 영혼을 주셨다. 염색체 구성과는 상관없이 말이다. 다시 말해 인류는 남성이자 동시에 여성인 것이다.

한편, 이슬람교에는 여성에게 저주를 내리는 내용이 나오지 않는다. 물론 유혹과 타락에 관한 장면이 코란에 나오긴 한다. 그러나 사탄의 유혹에 빠져서 아담을 타락시키게 하는 것은 여성이 아니다. 남성과 여성 모두에게 책임이 있으며, 신은 이 둘 모두를 용서하신다(코란 35장 18절). 게다가 코란은 신과의 관계에 있어서 남녀가 평등하다고 강조하고 있다. 모든 인간은 각자의 행동에 따라 동등한 판결을 받는다. 코란 33장 35절의 "무슬림 남성과 무슬림 여성은, 남신도와 여신도는, (…) 신께 많은 기도를 드리는 남성과 여성은"이라는 구절에서도 종교상 남녀가 평등하다는 것이 강조되고 있다.

둘째, 성경, 탈무드, 복음서, 코란은 수 세기 동안 남성적 헤게모니, 독단적이고 차별적인 구조, 조직적인 여성 혐오, 여성에 대한 반감 등을 정당화해왔다. 그러나 동시에 여성을 존중하라고 권장하는 구절들도 발견된다. 창세기에는 "사람이 혼자 있는 것이 좋지 아니하니(2장 18절)"라는 구절이 나온다. 유대교에서는 사랑을 찬양하고, 성욕과 성행위를 찬미하고, 결혼을 권장한다. 탈무드는 유독 여성에게 가혹하긴 하다. "여성에게 토라(모세5경)를 맡기느니 차라리 태워버리는 게 낫다"며, 여성을 가볍고, 수다스럽고, 게으르고, 질투가 많은 존재로 그린다. 그러나 그런 탈무드에서도 "아내를 얻는 자는 복을 얻고"라는 구절이 나온다.

그런데 기독교의 경우, 그 유명한 에베소서 5장 22절에 나오는 "아내들이여 자기 남편에게 복종하기를 주께 하듯 하라. 이는 남편이 아내의 머리됨이 그리스도께서 교회의 머리됨과 같음이니"라는 구절을 확대해석해, 윤리적으로 기혼여성에게 순종의 의무가 있다는 논리를 만들어냈다. 그러나 기독교 전승에 따르면, 결혼은 두 사람의 사랑을 보여주는 성스러운 예식이다. 남편은 아내를 사랑할 것을 강력하게 권하며(에베소서 5장 28절), 남편은 아내를 버려선 안 되고(고린도전서 7장 11절), 여성은 남성과 동등한 권리를 갖는다(갈라디아서 3장 28절). 사실이 이러할진대 어찌 이 모든 것을 망각해버렸단 말인가?

이슬람교에서도 여성을 가혹하게 대할 때가 있다. "아내는 너희를 위한 경작지이니라. 그러므로 너희가 원할 때는 언제든지 너희의 경작지로 가라.(코란 2장 223절)" 그러나 가혹함을 누그러뜨리고, 사랑과 관대함을 권유하며, 남편에게 아내를 잘 돌보라고 요구하는 구절들과 하디스(무함마드의 언행록)가 존재한다는 사실을 부정하지는 않는다. 무함마드도 이렇게 말했다. "밤에는 아내와 부부관계를 맺을 터인데 어찌 너희가 노예를 때리듯 아내를 때릴 수 있단 말인가?"

셋째, 일신교들의 경전을 보면, 여성들이 중심적 위치를 차지하고 있는 것을 알 수 있다. 하나님은 아브라함에게 "사라가 네게 이른 말을 다 들으라(창세기 21장)"고 말씀하셨다. 유대교에서도 세계를 바꿀만한 능력을 가장 많이 증명해 보인 이들도 사라, 레아, 라헬과 같은 "훌륭한 여성", 여왕, 여성 선지자, 여족장들이었다! 프랑스 출신의 위대한 랍비 하임 코르시아는 "여성들이 없었다면 유대교는 아무것도 아니었을 것"이라고 말했다. 여성들은 보완적 역할이 무엇인지 증명해 보였고, 유대교의 정체성도 여성들에 의해 확립된 것이다.

그렇다면 예수는 주변 여성들이 어떤 위치였는지도 살펴봐야 하지 않겠는가? 예수는 죄인인 마리아 막달레나의 발을 씻어줬다. 그리고 십자가 바로 앞까지 예수와 동행한 것도, 예수가 부활한 날에 무덤이 비어있는 것을 발견한 것도 모두 그의 여제자들이었다. 교황 요한 바오로 2세는 성모마리아를 구원의 역사의 중심에 놓았고, 복음서의 여성 인물들을 세상의 무대의 여배우처럼 등장시켰다. 참고로 그는 1994년에 여성의 사제 서품을 '최종적'으로 금지한 인물이다.

마지막으로 이슬람교에서 무함마드의 아내들은 신자들의 '어머니'라는 대우를 받는다. 첫째 부인이었던 카디자는 사랑하고 사랑받는 배우자이자 어머니였으며, 하프사는 코란을 맡아 보관한 인물이었고, 아이샤는 무슬림들의 '기억'이라고 불린다. 이슬람교의 전승에 따르면 무함마드는 이렇게 말했다고 한다. "이 세상에는 내가 좋아하는 것이 세 가지가 있는데, 나의 최고의 기쁨인 여성, 향수, 기도다."

결론적으로 아브라함 계통의 종교들이 여성 혐오적이라든지 또는 '페미니스트'라고 비꼬는 것은 무의미하다. 어차피 한 시기에만 통했던 시대착오적 발상에 불과하기 때문이다. 일신교들의 경전은 종교적 폭력 등 다른 문제들과 마찬가지로 여성의 위상에 관한 문제에 있어서도 일종의 양면성을 갖고 있다. 성경과 코란이 어떤 부분에 있어서는 여성에게 긍정적인, 혁신적 면모를 보여주기도 했지만, 명백히 차별적인 태도를 취한 부분도 있었다는 것이다. 어느 한쪽에 고착되지 않고 필요한 만큼의 임계거리를 두고 경전을 대할 때, 종교집단이 가지게 될 (가지지 못할 수도 있지만) 능력은 생각보다 훨씬 더 결정적이다.

글 · 앙리 텡크 Henri Tincq

성의 대상에서 성의 주체로

순수성을 추구하지 말라

1980년대, 사회학자 베벌리 스케그스는 영국 북서부 공업 지역에서 돌봄 노동자가 되기 위해 직업교육을 받고 있던 여성들을 상대로 조사를 실시했다. 이 지역은 당시 마거릿 대처 총리의 극심한 노조 탄압에 시달리고 있었다.(1) 스케그스는 특히 빈곤층 여성들과 페미니즘과의 관계에 대해 질문했다. 빈곤층 여성들은 페미니즘이라는 단어에 거부감을 표하는 경우가 많았다. 하지만 직장에서 겪은 경험을 들어보면 이 여성들은 남성의 지배를 명확하게 인식하고 있었다. 다음은 이 여성들과의 인터뷰 중 일부를 발췌한 것이다.

"내가 페미니즘에서 정말 거슬리는 부분이자 페미니스트가 되고 싶지 않은 진짜 이유는 바로 이 반(反)남성적인 측면 때문이다. 솔직히 말해 남자들이 끔찍한 독재자니 어쩌니하는 헛소리는 이해가 안된다. (전 남자친구) 케빈뿐만 아니라 내 아버지 혹은 케빈의 형을 볼 때면 내게 묻곤 한다. 도대체 이들이 가진 것이 뭐가 있는가? (...) 나는 항상 케빈이 버텨내지 못할까 봐 두렵다. 케빈은 항상 살 이유도 희망도 없다고 말한다."(캐시, 1986년)

"페미니즘은 이런 신문(〈더 가디언〉)같은 것들을 읽은 당신 같은 여자를 위한 것이다. 자기 자신만 챙기면 되는 여자들 말이다." (진, 1986년)

"나는 절대 돌봄 노동자로 다시 일하지 않을 것이다. 이 일을 한 것은 내 인생 최대의 실수였다. (...) 사람들은 여자에게는 함부로 대해도 된다고 생각한다. 우리는 일이 필요하기 때문에 반발하지 않을거라고 생각하기 때문이다. 이 일을 그만둔 후 나는 위계질서에서 여자는 항상 아래에, 남자는 항상 위에 존재한다는 사실을 깨달았다. 남자들은 권력을 쥐고 있기 때문에 그들이 원하는 것은 뭐든지 해낼 것을 여자들에게 요구한다."(미셸, 1992년)

스케그스는 이 조사를 통해 페미니즘 투쟁을 위한 교훈을 제시했다. "(조사에 응한) 여성들이 페미니즘에 동의하는 경우가 드문 이유는 이 여성들은 페미니즘을 어떻게 생각하느냐는 질문을 받아본 적이 거의 없기 때문이기도 하다. (...) 이 여성들은 페미니즘은 판단이 깃든 도덕적 담론으로 자신들과는 다른 유형의 여성들을 대상으로 한다고 생각했다. 뿐만 아니라 자신들이 속한 문화적 환경에서 페미니즘을 추구한다면 가치 없는 존재가 되어 인정받지 못할 뿐만 아니라 동료애를 저해한다고 생각했다." 따라서 스케그스는 페미니스트 대학교수들에게 여성들을 처음부터 배제할 위험이 있는 담론을 양산하는 대신 여성들을 있는 그대로 받아들일 것을 권고했다. "광부 파업과 같이 여성을 직접 언급하지 않더라도 여성과 관계가 있는 다른 투쟁에 집중할 필요가 있다. (모든 여성이) 페미니즘에 접근할 수 있게 만드는 것이 핵심이다. 페미니즘은 존재한다고 우기기 전에 '어디에' 존재하는지 먼저 질문해야 한다. (...) 순수한 형태의 페미니즘을 추구하기보다 단편적인 형태의 페미니즘적 행동을 수용할 수 있도록 일상 속에서 겪는 불의를 흥미롭고 매력적인 방식으로 해석하는 틀을 계속해서 명명하고 제공해야 한다."

글 · 엘렌 리샤르

(1) Beverley Skeggs, 『Des femmes respectables. Classe et genre en milieu populaire, 존경받을만한 여성들. 빈곤층에서의 계급과 젠더』, Agone, Marseille, 2015.

성의 대상에서 성의 주체로

성매매 여성들을 보호한다는 '가짜친구'들

릴리앙 마티외 Lilian Mathieu

사회학자. 프랑스 국립과학연구소(CNRS)에서 여성 문제의 다양한 쟁점을 주로 연구하고 있다.
주요 저서로 『성매매, 무엇이 문제인가?(Prostitution, quel est le problème?)』
(Textuel, coll. Petite encyclopèdie critique, Paris, 2016) 등이 있다.

성(性) 호객행위를 범죄로 규정한 법률이 폐지된 이후, 성매매 여성들은 더 이상 경찰의 검문을 두려워할 필요가 없어졌다. 이제는 성 매수자들만 처벌받기 때문이다. 그러나 성매매 종사자들을 한층 더 보호하고자 만들어진 새로운 법안은 오히려 억압의 수단으로 작동하고 있으며, 무엇보다도 사회 문제를 통제하는 방식으로 다뤄지게 됐다.

페미니즘의 주요 성과 중 하나는, 과거 아무렇지 않게 여겼던 성매매에 대해 다시 생각하게 해준 것이다. 이제 '수요' 측인 남성의 성생활에 있어 성매매 여성의 서비스를 이용하는 것은 더 이상 가볍거나 평범한 일이 아닌, 일탈행위다. '공급자' 측, 즉 성매매 여성에 대한 시선에도 변화가 생겼다. '행실이 나쁜 여자'라는 도덕적 비난은 연민 어린 시각에 묻혔다. 성매매 여성들은 이제 "풍기문란을 조장하고 사람들에게 성병을 퍼뜨리는 존재"보다는 피해자로 인식되고 있다. 이러한 변화는 긍정적이지만 불안정하고 모순적이다. 불안정한 이유는, 1994년 형법 처벌에서 폐지된 성 호객행위를 2003년에 다시 범죄로 규정한 니콜라 사르코지 당시 내무부 장관의 결정에서 보았듯이 언제나 번복의 가능성이 있기 때문이다. 따라서 1960년부터 프랑스가 실시한 지원 접근방식과는 모순되게 억압의 논리가 적용됐다(음성적인 성매매, 불안정과 불안전, 성병 노출, 매춘업자에 대한 의존관계 증가 등). 이는 성매매 여성들에게 바로 부정적인 영향을 미쳤다. 모순적인 이유는 성매매 폐지 운동(1)에서 그리는 현대 성매매의 이미지가 해방을 가져오기보다는, 성매매 여성들의 기대와 관심사, 현실적인 필요성과 괴리가 있는 정책을 정당화하면서 사회의 참상을 묘사하는 성격을 지니고 있기 때문이다.

2016년 4월, 의회에서 가결한 '성매매 방지 보강' 법은 이러한 관점을 가장 잘 보여주는 단

〈열쇠구멍 2〉, 2016

적인 예다. 이 법은 프랑스 페미니즘의 여러 분파 및 성매매 폐지를 주장하는 주요단체들이 캠페인을 벌이며 추진했고, 의회의 우파와 좌파가 함께 구상했으며, 현실과 동떨어진 평가를 담은 의회 보고서에 근거를 두고 있다. 하지만 이 새로운 법은 근본적으로 성매매 종사자들에 대한 오만한 발상을 근간으로 하고 있다. 2003년에 범죄로 다시 규정했던 성 호객행위를 폐지함으로써 억압으로부터 '피해자'를 보호한다고 할지라도 피해자의 취약한 지위는 불평등한 관계를 형성할 뿐이다.

이 법의 발안자들은 수동성, 의존성, 맹신 게다가 정신이상이 성매매 여성들이 지니는 가장 대표적인 특성이라고 말한다. 이들이 끈질기게 반복하는 논거는, 성매매의 시작이 어린 시절에 겪은 성폭력으로 인한 트라우마(외상성 신경증)에서 발생하거나, 성매매 행위가 실제 자신과 성매매를 하는 인격을 분리하는 일종의 정신분열인 '몸과 정신의 분리'에 이르게 할 수도 있다는 것이다. 확인 불가한 수치를 가지고 성매매를 하는 이민여성 대부분이 인신매매 조직에 붙잡힌 것이라고 주장하며, 외국인 성매매 여성들을 허황된 약속과 번지르르한 말에 금방 속아 넘어가는 아둔한 젊은 여자로 묘사하고 있다.(2)

2016년 '성매매 방지법'의 목적은 의식을 가진 자율적 주체로서의 삶을 빼앗긴 성매매 여성들을 보호하는 것이었다. 그러나 성매매 방지법은 페미니즘의 측면에서 탐구한 것이 아니라, 퍼터널리즘(Paternalisme · 정부나 조직이 구성원에 대해 가부장적 가족관계의 모델에 따라 보호 및 규제하는 체계)을 바탕에 깔고 있다. 이에 따라, 불법체류자 신분인 외국인 성매매 여성들은 성매매 중단과 국외추방 사이에서 선택을 강요받는 현실에 직면해있다. 성매매 여성들의 수입원을 박탈해, 저임금 노동을 강요하고 있는 것이다. 이런 강요가 가능한 이유는 새로운 법이 '성매매 종사자와 성관계를 하거나 받아들이는' 행위를 제재하기 위해 1,500유로(재범의 경우 3,750유로)의 벌금 부과를 핵심으로 하기 때문이다.

하지만 성 매수자들을 이런 방식으로 처벌해야 한다는 주장의 논거를 분석해보면, 다소 허술해 보인다. 처벌에 대한 두려움이 성매매 수요의 감소를 가져올지는 몰라도, 성매매 자체를 근절할 수는 없을 것이다. 처벌에 대한 두려움은 아마도 성매매 활동을 경찰이 없는, 더욱 고립된 공간(교외, 인터넷 등)으로 밀어낼 가능성이 크다. 그렇게 되면, 성매매 여성들은 각종 위험에 노출되며 사회복지서비스에 접근하기 더 어려워질 것이다.(3)

또한, 성매매가 폭력이나 다름없다고 생각하는 법의 발안자들을 볼 때 성매매를 단순한 벌금으로 처벌하는 방식은 납득하기 어렵다. 성매매가 '돈을 지불하는 강간'으로 여겨져야 한다면, 성매매를 왜 성폭행처럼 장기구금을 하는 중죄나 경범죄로 다루지 않는 것일까? 이 법에는 형벌의 관점에서만 사회문제를 보려는, 완전히 신자유주의적인 경향이 두드러진다.(4) 1960년 합의된 법적 근간은 성매매를 사회적 노동 행위로 인정하기에 부적합하다고 규정하고 있으며, 오늘날에는 경찰이 나서서 우선 처벌부터 하는 정책 실행을 요구하고 있다. 이는 성 매수자들에 대한 처벌에 앞장선 스웨덴 정책의 사례에서 이미 볼 수 있으며 스웨덴 경찰은 사회복지 분야보다 4배 더 높은 재정지원을 받았다.(5)

폭력성과 가혹행위는 성 판매자보다는 성 매수자와 대부분 연관이 있다. 폭력 행사자를 처벌하지 않는 것은 피해자보다 가해자를 더 보호하는 것이다. 성매매를 '귀양' 보낸다고 해서 성매매 자체를 근절하지는 못한다. 오히려 성매매 여성이 어떤 보호도 받지 못하는 고립된 장소에서 착취나 폭력을 당하게 될 가능성이 높다. 대개 불법 체류자 신분인 이민여성들은 경찰과의 접촉을 두려워하고 자신들의 국외추방을 담당하는 기관에 가해자를 고소하기를 주저할 것이다.

또한 위협, 착취, 폭력은 매춘업자와 연관이 깊다. 이런 행위를 고소하고 엄벌하는 것은 당연하며 필수적이다. 하지만 고발과 처벌에 앞서, 매춘업자들의 사업이 번창하는 환경을 살펴봐야 한다. 성매매를 하는 이민여성들은 어둠의 경로를 빌리는 것 외에는 이민을 위한 다른 길이 없기 때문에 밀입국 브로커에게 터무니없는 빚을 지게 된다. 그리고 이 여성들이 유럽에서 더 나은 미래를 꿈꾸며 위험을 감수하는 이유는, 이들의 출신국가가 최소한의 삶도 보장해주지 않기 때문이다. 바네사 시모니, 존 데이비스 그리고 플로랑스 레비와 마릴렌 리베가 각각 나이지리아, 알바니아, 중국 여성에 대해 프랑스에서 진행한 연구를 살펴보자.(6) 이 연구는 국경을 넘기 위해 브로커에게 의존한 여성들이 겪는 수많은 억압과 구속, 착취를 상세히

성의 대상에서 성의 주체로

보여준다. 그런데 이 연구는 불법체류자 신분 때문에 벼랑 끝의 선택을 하는 여성들의 일상(특히 주택, 안전, 의료 접근성)에도 주목한다.

　성매매는 남성 우월주의의 가장 노골적인 형태이며, 경제·사회관계의 가장 극단적인 징표라고 할 수 있다. 성매매의 원인은 바로 경제·문화적으로 가장 빈곤한 국민들(특히 여성)이 겪는 노동시장의 폐쇄성에 있다. 그 어느 때보다도 오늘날, 성적인 용도를 위해 자신의 몸을 빌려주는 것은, 특히 불법체류자의 경우 신분 탓에 법의 보호를 받는 경제활동에 접근할 수 없기 때문에 선택하는 최후의 수단이다. 대체 생활수단이 없을 때, 국가기관, 성 매수자, 매춘업자에 의한 가난, 결핍, 폭력을 체념하고 받아들이거나 강압에 의한 성매매를 하게 되는 것이다.

글 · 릴리앙 마티외 Lilian Mathieu

(1) 성매매 폐지를 주장하는 단체를 지칭하며 프랑스 내 주요단체로는 Mouvement du Nid, Fondation Scelles 등이 있다.
(2) Milena Jakšić, La traite des êtres humains en France(프랑스에서 일어나는 인신매매), CNRS Éditions, Paris, 2016.
(3) Jane Scoular and Teela Sanders, Regulating Sex/Work: From Crime Control to Neo-Liberalism?, Wiley-Blackwell, Hoboken (USA), 2010.
(4) 급진적 페미니스트와 종교적 우파 사이의 의외의 일치점에 주목한 미국의 사회학자 엘리자베스 번스틴은 이러한 과정을 연구했다. 'Carceral politics as gender justice? The "traffic in women" and neoliberal circuits of crime, sex, and rights', Theory and Society, n° 41-3, Springer, New York, 2012.,
(5) Ola Florin, 'A particular kind of violence: Swedish social policy puzzles of a multi-purpose criminal law', Sexual Research and Social Policy, n° 9-3, Springer, 2012.
(6) Vanessa Simoni, 'Territoires et enjeux de pouvoir de la traite à des fins d'exploitation sexuelle: le cas de Paris(성착취를 목적으로 한 인신매매의 영향력 문제와 영역: 파리의 사례)', Hérodote, n° 136, La Découverte, Paris, 2010년 1/4분기; John Davies, 'My Name Is Not Natasha'. How Albanian Women in France Use Trafficking to Overcome Social Exclusion, Amsterdam University Press, 2009; Florence Lévy, Marilène Lieber, 'La sexualité comme ressource migratoire. Les Chinoises du Nord à Paris(이민의 수단, 성. 파리 북부의 중국 여성들)', Revue française de sociologie, n° 50-4, Presses de Science Po, Paris, 2009.

여성해방이라고? 성매매에 대한 엉뚱한 합의

모나 숄레 Mona Chollet

〈르몽드 디플로마티크〉기자, 〈르몽드 디플로마티크〉의 대표적인 페미니즘 전문기자로, 여성들이 곤경에 처한 사회 환경에 관심이 많다. 프랑스의 대표적인 만평 전문지 〈샤를리 에브도〉의 계약직 기자였으나, 2000년 편집 책임자가 팔레스타인인들을 야만적인 사람들로 규정지은 편집방향에 항의해 사표를 냈다. 주요 저서로 『리얼리티의 폭군(La Tyrannie de la réalité)』(2006) 등이 있다.

2014년 7월, 프랑스 상원은 '성매매 금지'를 규정한 법률을 폐지했다. 성매매 이용 고객에 대한 처벌을 없앤 것이다. 이 규정으로, 이제는 성매매를 '여성 해방'의 문제라기보다 노동자의 '노동권'과 '자유'의 하나로 받아들이는 추세가 됐다.

스웨덴 기자 카이사 에키스 에크만이 지적한 바와 같이, 좌·우파 진영에서는 성매매 합법화 주장에 대한 나름의 논거를 각각 갖고 있다. 사회주의자들에게는 성매매 여성이 "노조 안에서 조직적으로 움직이게 될 여성 노동자"이며, 자유주의자들에게는 성매매가 "자유로운 선택의 문제이고, 성매매 여성은 성을 사업의 기반으로 하는 여성 사업가일 뿐"이다. 페미니스트들은 여성이 "자신의 몸을 자유로이 쓸 수 있어야 한다"고 말한다. "내 몸의 주인은 나"라는 슬로건은 이제 1970년대 여성 해방 운동 때와 상당히 다른 의미를 지니게 됐다. 2014년 2월에는 여성의 낙태 권리에 대한 문제 제기에 반대하기 위해 스페인 여성 수백 명이 자신의 신체를 사유재산으로 등록하고자 거주 시의 상업등기소를 찾아갔다. 과거에는 자유의 영역에 속하던 몸이 여기에서는 하나의 동적 자산으로 치부돼 장차 시장에서 이윤을 가져다줄 도구적 재산이 돼버리고 만 것이다.

프랑스의 '슈가 대디'와 '슈가 베이비'

에크만 기자는 성매매 문제와 관련해 포스트모더니즘 좌파와 신자유주의 우파 사이에 모종의 '조용한 합의'가 맺어졌다고 지적했다.(1) 미국의 페미니스트 카사 폴리트 역시 이 같은 사

성의 대상에서 성의 주체로

실을 확인하면서, "성매매 문제와 관련해 '자유' 운운하는 것이 지겹다"고 반발했다. "그렇다면 평등의 문제는 어찌할 것인가? 좌파는 평등의 가치를 주장하는 곳이 아니던가?"(2) 후진국으로의 섹스 관광, 자의든 타의든 좀 더 부자인 나라로의 성노동자 이주 등 성매매 문제는 현재 진행 중인 선진국과 후진국 사이의 불평등이나 각 사회 내부적인 불평등 문제를 매우 극명히 드러내 보여준다. 경제 위기로 휘청거린 포르투갈에서는 자신이 성매매를 하게 되리란 걸 상상도 못 했던 중산층 여성들마저 성매매 시장으로 흘러 들어간 사실이 확인됐다.(3) 프랑스에서는 2014년 초 오픈된 온라인 성매매 알선 사이트 '시킹어레인지닷컴(Seekingarrangement.com)'을 통해 돈 많은 중년 남자 '슈가 대디'와 이들을 만나려는 젊은 여성 '슈가 베이비' 사이의 만남이 성사되고 있다. 대출 없이 학비를 마련하려는 가난한 여학생들이 재력 있는 남자들을 만날 수 있는 알선 사이트가 생긴 것이다.(4) 일부 '슈가 대디'들은 저렴한 방이 부족한 주택난을 이용해 '슈가 베이비'들과 성관계를 맺는 대가로, 그들에게 무상으로 원룸을 빌려주거나 동거를 제안하기도 한다. 그 가운데 한 명은 고위 공무원 출신으로, "계약을 위반한 여성을 내쫓았다"며 자랑스레 말하기도 했다.(5)

미국의 페미니스트 카사 폴리트는 "좌파 진영에서 섹스 노동이 하나의 새로운 규범으로 자리 잡길 바라는 이유는 무엇이냐"고 반문했다. 성매매 이용 고객 처벌안을 두고 의견이 갈라진 프랑스에서도 상황은 비슷했다. 1999년 스웨덴에서 표결된 법을 그대로 옮겨와 호객 행위는 범법 행위로 보지 않으면서도 '성인 성매매 이용객'에게 1,500유로의 벌금을 부과하는 정책에 대해 급진 좌파 진영의 수많은 지식인과 운동가들이 반발하고 나섰기 때문이다. 마르크스주의 페미니스트 사회학자인 크리스틴 델피만이 이들과 다른 입장을 보인 가운데, 〈무브망〉과 〈바카름〉 같은 좌파 성향의 잡지나 여러 온라인 사이트에서는 다 같이 성매매 합법화에 찬성하는 견해를 밝혔다. 이는 성매매 노동조합 '스트라스(Strass)'나 소설가 겸 영화인 비르지니 데팡트 같은 페미니스트 운동가들도 지지하는 노선이었다. '성매매 폐지'라는 목표를 포기하지 않은 건 나자 발로 벨카셈 여성인권 장관이나 여성 철학자 실비안 아가친스키 같은 일부 사회주의 여성 인사와 '여성이여 과감하라(Osez le féminisme)' 같은 소수 단체들뿐이다. 왜 이렇게 된 것일까?

　에크만에 따르면, '성매매 노동자 노조'가 여러 나라에서 생겨난 것이 결정적인 역할을 했다고 한다. '노조'라고 하는 마법의 단어는 투쟁하는 노동자의 영예로운 측면을 부각시키는 효과가 있다. 앞서 언급된 성매매 노조 '스트라스'의 대변인 모르간 메르퇴이는 이 같은 측면에서 요구안을 작성했다. "성매매의 노동관계를 인정해 계급의식을 발전시켜야 한다"는 것이다(〈무브망〉, 2013년 12월 16일). 1973년 미국의 매춘 자율화 운동 단체 '코요테(Coyote, Call off your old tired ethics · 낡고 진부한 윤리를 벗어던져라)', 1985년 네덜란드에서 창설된 성노동자 단체 '홍실(The Red Thread)', 1992년 전 세계적 차원에서 조직된 '성 노동 프로젝트 네트워크(Network of Sex Work Projects)', 2000년 영국에서 창설된 '성노동자 국제 연합(International Union of Sex Workers)'의 뒤를 이어 2009년 프랑스에서는 '스트라스'가 발족했다. 이 같은 성노동자 운동 조직은 성매매 여성들의 목소리를 대변한다고 주장했다. 그런데 '노조'라는 이름이 붙기는 했어도, 이들이 우선적으로 하는 활동은 관련 입법을 위한 로비 활동이었다. 이는 스트라스의 또 다른 대표자 티에리 샤포제도 인정한 부분이다(참고로 티에리 샤포제는 2014년 파리 지방 선거에서 유럽 생태-녹색당의 후보로 출마한 바 있다). "우선 선결 과제는 성매매를 처벌하지 않도록 하는 데에 있다. 성매매의 불법화가 바로 성적 착취와 학대를 부르는 첫 번째 원인이기 때문이다."(Contretemps.eu, 2011년 12월 22일 자)

　성매매 행위에 계급투쟁이라는 포장지를 덧씌우면 이 같은 행위가 남성 지배체제에 속해 있다는 사실을 감출 수 있다. 스트라스의 전신으로 2006년 조직됐던 '레 퓌트(Les Putes · 윤락녀들)'는 거의 남성들로만 이루어진 조직이었다. 이들은 여자들을 앞세워 자신들의 이야기를 하고 있었다. 성매매 활동을 함에 있어 여성의 비율이 압도적으로 많다는 점도, 성매매를 이용하는 고객층이 이성애자든 동성애자든 주로 남성들로 이뤄져 있다는 사실도 그리 중요하지 않은 것으로 치부됐다. 그보다는 "성매매를 하는 남성 또한 존재한다"는 논거가 먹히는 듯하다. '남자도'라는 반박 논거가 (가정 폭력 같은) 다른 문제들의 본질을 흐릴 때는 이를 곧 '여론 조작'으로 몰고 가기에 바쁜 페미니스트들이 부지기수이지만, 성매매에 관한 한 이들은 그다지 비난거리를 찾지 못하는 듯하다. 게다가 이미 '레 퓌트'의 공동 설립자였던 티에리 샤포제는 서슴지 않고 모욕과 협박을 가했음에도 이렇다 할 민감한 스캔들에 연루되지는 않았다. 가령 2012년 6월, 그는 트위터 상에서 발로 벨카셈 장관에게 "망할 매춘 혐오자는 사임해야 한다. 당신 스스로 도망칠 때까지 우리는 임기 내내 당신을 들들 볶을 것"이라고 이야기했다.(6)

페미니즘 사상에서 이 같은 구멍이 생기게 된 것은 1970년대 여성해방운동의 부분적인 실패에 기인한다고 봐야 한다. 그 당시 여성해방 운동가들은 평등과 관련한 수많은 요구 사항들의 적법성을 관철시키는 데에는 성공했지만, 몇 차례의 시도에도 불구하고(7) 결과적으로는 의식화 작업에서 한 가지 실패를 남겼다. 바로 여자들의 욕구와 쾌락이 남자들의 욕구와 쾌락만큼이나 중요하게 여겨지는 성관계를 가질 권리이다.

어렴풋이 진보의 옷을 입은 이 사회는 남녀의 성관계가 전적으로 남자의 욕구를 충족시키는 것이라는 인식을 버리지 못했다. 따라서 이 사회에서는 때에 따라 여자가 자신의 소임을 다하기 위해 헌신적으로 관계에 임해야 한다는 점이 당연시 여겨진다. 남자는 그 어떤 경우라도 성적인 욕구불만을 견뎌낼 수 없는 존재라고 생각하기 때문이다. 남자가 생리적으로 욕구불만을 참을 수 없다는 믿음 또한 널리 확산됐다. 이에 따라 여자친구 하나 없는 못생기고 외로운 독신 남성을 위한 여자들의 성매매 활동이 정당한 것으로 여겨졌다.(8) 사회학자 사이드 부아마마와 성매매 폐지주의자 클로딘 르가르디니에가 실시한 조사에서 성매매 이용자의 3분의 1만이 독신남이라는 연구 결과가 나왔지만 이는 그리 중요하지 않았다.(9) 성매매 합법화를 위해 열심히 싸우고 있는 일간지 〈리베라시옹〉은 스트라스 회원인 마르셀 뉘스의 사례를 소개했다. 〈리베라시옹〉에서는 그가 태어날 때부터 장애가 심해 '성적 보조'를 받을 권리를 외치며 싸우고 있다고 했지만, 사실 그에게는 이미 두 명의 동거인이 있던 데다 자식들까지 있는 상태였다.(10)

사회적 시각으로 바라보면 남자들은 '성적 권리'의 수혜자이다. 미국에서도 2014년 5월, 남자의 '성 접근권'이라는 개념이 다시금 불거졌는데, 22살의 청년 엘리엇 로저가 산타 바바라에서 6명을 살해하고 스스로 목숨을 끊은 사건이 그 계기였다. 엘리엇 로저는 동영상 하나를 남겼는데, 이 영상 속에서 그는 "그 어떤 여자도 나와 잠을 자려 하지 않았다"고 불만을 토로했으며, 여자들을 '응징'하겠다고 살해 의도를 밝혔다. 이를 두고 논평을 내놓은 수많은 사람들은 매춘을 합법화해야 이 같은 종류의 비극을 막을 수 있다고 주장했다.

자취를 감춘 여성의 성적 주체성

남자들의 성적 주체성은 부각되고 확산되는 반면, 여자들의 성적 주체성은 자취를 감춘다. 이에 전 IMF 총재 도미니크 스트로스 칸을 둘러싼 성 추문 사건(뉴욕의 한 호텔 방에서 호텔 여직원을 성폭행한 혐의로 경찰 조사를 받으면서 IMF 총재에서 물러났다)에 대해서도 '사생활' 문제라느니 지나친 '청렴주의'라느니 운운하게 된 것이다.(11) 이를 보면 성폭행과 섹스의 경계 자체가 모호해진다. 성매매 여성에게 간혹가다 요구되는 서비스 중 하나인 '애인 모드(GfE, Girlfriend Experience)'는 이 경계를 더욱 흐리게 만든다. '애인 모드'란 섹스 이외에 진짜 여자친구 같은 행세를 해주는 서비스를 말한다. 성매매 여성에 대한 순위가 매겨지곤 하는 한 온라인 게시판에서는 성매매를 이용한 프랑스 남성 하나가 "GfE 서비스가 없으면 지나치게 관계가 상업적이고 진부하다"고 투덜거리는 게시물이 올라오기도 했다. 경제적 지배와 마찬가지로 성적 지배에 대해서도 맹목적인 입장을 보이는 여성 철학자 엘리자베스 바댕테르(『그냥 조금 다를 뿐인 평범한 직업』의 저자)(12)는 성 매수자의 처벌에 반대하며 성매매에 대해 '성적 활동'이라는 표현을 쓴다('국가는 개인의 성 활동에 대해 입법화하지 말아야 한다', 〈르몽드〉, 2013년 11월 19일).

'시들해진 부부관계 때문에 성매매라는 극약 처방을 쓰게 된다'는 논리 역시 마찬가지 문제를 안고 있다. 구조적 측면에서 보면 이 또한 오로지 남자들만의 환상을 충족시키려 하는 생각을 기본 토대로 하고 있기 때문이다. 모르간 메르퇴이는 월간지 〈테크니카르트〉(2013년 12월호)와의 인터뷰에서 이러한 이중적 잣대를 자기 식으로 해석하며 성매매 폐지론자들에 대

성의 대상에서 성의 주체로

해 "서로 사랑하는 이성애 부부만을 우선시하고 있다"고 매도했다. 그리고 그는 '이성애 기본 모델'을 비난하고 나섰는데, 마치 성매매 행위는 이성애 모델을 중심으로 두지 않는다는 소리처럼 들린다. 남녀 기반의 이성애 커플이 문제인 것이라면, 여성의 성적 욕구와 이성애적 욕구, 동성애적 욕구, 혹은 양성애적 욕구 모두가 자유로이 표출되도록 해야 하지 않을까?

현재로서는 여자들이 자신들의 성적 욕구를 주장하고 나서거나, 관계의 주도적 지위를 요구하고 나설 경우 즉각적으로 심한 지탄을 받기 일쑤이다. 사람들은 이들을 이상한 눈초리로 바라본다. 일간지 〈리베라시옹〉은 '인물'이라는 섹션에서 자신의 운명에 만족하며 행복해하는 콜걸들을 즐겨 싣고 있는데, 만화 작가 오렐리아 오리타에 대해서는 "지나치게 왕성한 성욕 소유자"로 표현한 바 있다. "자신의 작품에서 동등하고 개방적인 성적 관계를 이야기한 이 작가의 상대 파트너는 도구적일 것"이라는 평을 덧붙였다.(2014년 2월 21일)

티에리 샤포제와 메트레스 니키타(본명은 장프랑수아 푸펠, 스트라스 회원)는 성매매가 일단 합법화되면, 노동 조건의 개선이 이뤄지므로 매춘이라는 행위가 남자들에게도 부러움을 자아내는 직업이 될 것이라고 이야기한다. 그리고 여자들도 좀 더 적극적으로 "성매매 이용고객"으로 나설 것이라는 주장이다.(13) 하지만 독일이나 네덜란드처럼 성매매를 합법화한 국가들에서는 이 같은 기적의 반전이 일어나지 않았다. 여전히 여성 매춘부를 기반으로 한 성매매만 더욱 확산되고 사창가 포주나 성매매 밀매상이 계속해서 성매매 시장을 장악하고 있었을 뿐, 성매매 여성의 안전에는 전혀 진전이 이뤄지지 않았다.(14)

남녀의 성관계를 지배하는 이 같은 이중 잣대는 '관대한 매춘부'라는 진부한 그림을 그때그때 시대에 맞게 재창조해낸다. 이 불합리한 기존 질서에 맞서기는커녕 고객의 만족을 위해 자신을 헌신하는 창녀의 모습을 그려내고 있는 것이다. 성매매 노조 '스트라스'의 대변인 모르간 메르퇴이에 따르면, 자신의 몸을 팔기 위해서는 고객의 만족만을 목표로 삼는 것이 그 자신에게 있어서도 하나의 만족이 돼야 한다.(15) 메르퇴이는 페미니스트를 자처하면서도 여성이 감내해야 하는 조건만을 보여줌으로써, 여성을 자기 헌신과 자기희생의 길로 몰아간다. 돈으로 매수하는 관계를 없앤다고 해서 곧 정상적인 '올바른 성관계'가 자리 잡진 않을 것이고, 돈

이 오가지 않는 관계 속에서도 여성의 순종에 대한 환상은 얼마든지 폭넓게 확산될 수 있다.

하지만 메르퇴이의 생각은 "대가없는 관계란 존재하지 않는다"는 것이었다. 이성애 부부 사이에서 성관계는 잠재적으로 출산을 위한 하나의 작업이고, 이를 담당하는 건 여성의 몫이라고 지적한다. 메르퇴이의 시각에서 봤을 때 '쾌락을 위한 성관계란 여성들에게 있을 수 없는 일'이며, 이는 '자선행위'와 같은 셈이다. 물론 성매매는 이와 전혀 무관하다는 게 그의 주장이다.

하지만 우리가 추론해낼 수 있는 결론은 성매매를 퇴치하는 동시에 가정 내 종속 관계를 없애야 하는 것이지, 두 가지를 모두 체념하고 받아들여야 한다는 것은 결코 아니다.

글 · 모나 숄레 Mona Chollet

(1) 카이사 에시스 에크만, '존재와 상품: 성매매, 대체적 모성과 자아 분열', '사회운동', 2013년
(2) 카사 폴리트, 'Why do so many leftists want sex work to be the new normal?', The Nation, New York, 2014년 4월 2일
(3) 앙드레-마리 뒤소, '경제 위기로 성매매 시장에 내몰리는 여성들', 〈르 쿠리에〉, Geneva, 2014년 2월 18일
(4) 카트린 롤로, '프랑스 슈가 베이비 찾아 헤매는 부유한 사업가들', 〈르몽드〉, 2014년 3월 26일
(5) 옹딘 밀로 및 엘람 메자헤드, '관계 대가로 빌리는 단칸방', 〈리베라시옹〉, Paris, 2008년 2월 6일
(6) '발로베카셈과 나', 2013년 5월 19일, http://votezthierryschaffauser.wordpress.com
(7) '우리의 성적 해방은 우리의 것이 아니다', in 〈MLF. Textes premiers〉, Stock, Paris, 2009년
(8) Mona Chollet, 'La maman et la putain sont de retour 엄마와 창녀의 귀환', 〈르몽드 디플로마티크〉 프랑스어판 · 한국어판, 2012년 6월호
(9) 클로딘 르가르디니에 및 사이드 부아마마, 〈성매매 고객〉, Paris, 2006년
(10) 쿠엔틴 지라르, '마르셀 뉘스의 사연', 〈리베라시옹〉, 2013년 1월 4일
(11) '성적 수사학의 이면 구조', 2011년 5월 23일, www.mondediplomatique.fr
(12) Mona Chollet, 'L'utopie libérale du service sexuel', 〈르몽드 디플로마티크〉 프랑스어판 14년 9월호, www.monde-diplomatique.fr/50750
(13) 메트레스 니키타와 티에리 샤포제, 〈창녀라는 자부심〉, Paris, 2007년
(14) 'Unprotected: How legalizing prostitution has failed', Spiegel Online International, 2013년 5월 30일, www.spiegel.de; 장-피에르 스트루방, '매춘 합법화 후회하는 네덜란드', 〈M. le magazine du Monde〉, 2011년 12월 23일
(15) 모르간 메르퇴이, 〈여성성을 해방하라!〉, '사상과 논쟁', Paris, 2012년

성의 대상에서 성의 주체로

4부 그리고 평등

시대에 따른 여성들의 역할과 성차별, 그리고 페미니즘의 새로운 변이는 어떠했는가? 배제당한 여성들의 냉엄한 현실을 직시할 때가 왔다. 인간 존엄성을 향한 여성들의 투쟁과 성취는 현대 페미니즘 운동에 어떠한 영향을 끼쳤을까?

직장에서 차별받고 은퇴 후에도 불리한 여성들의 이중고

크리스티안 마르티 Christiane Marty

사회학자. 주요 저서로『연금제도: 숨겨진 대안』(국제금융관세연대 · 코페르니쿠스재단 · 실렙시스 공저, 파리, 2013),
『사회를 변화시키기 위한 페미니즘』(국제금융관세연대 · 코페르니쿠스재단 · 실렙시스 공저, 2013) 등이 있다.

프랑스 정부는 차별을 없애고 공정성을 바탕으로 한 연금개혁을 하기로 약속했다. 그중에서도 여성 관련 항목은 해당 정부의 공약을 평가하는 데 중요한 지표가 됐다. 1993년부터 실시한 연금개혁은 전반적으로 연금수령액을 줄어들게 했으며, 봉급생활자에게는 더욱 악영향을 미쳤다.

사회생활에서 남녀 간 불평등은 항상 심각한데 퇴직 후에는 더욱 두드러진다. 여성의 급여는 남성보다 평균 4분의 1 정도 적고, 연금수령액은 42%나 적다.(1) 그 이유는 다양하다. 여성은 보수가 (동등한 지위에서 동등한 시간 동안 일하는) 남성에 비해 평균적으로 낮으며, 남성보다 시간제로 일하는 경우도 많다. 또한 자녀 양육을 위해 노동시장을 일찍 떠나 경력이 상대적으로 짧다. 그런데 급여와 근속연수는 연금을 산출하는 데 중요한 기준이 된다.

연금제도, 좀 더 포괄적으로 사회보장제도는 70년 전 풀타임으로 휴직 없이 일하면서 가족을 부양하며 연금에 대한 직접적인 권리를 누리는 남성과, 아내나 어머니의 지위에서 부수적인 권리를 부여받는 가정주부를 모델로 만들어졌다. 이런 기준을 바탕으로 한 산출 방식은 경력이 짧을수록 불리하다. 퇴직연금정책결정위원회(COR)가 인정한 대로 이 산출 방식은 '전반적으로 재분배에 도움이 되지 않으며 경력이 짧은, 결국 임금이 가장 낮은 연금수령자에게 불리한 방향으로 확대'되고(2), '특히 여성이 타격을 입게 된다.'(3)

물론 자녀 양육으로 인한 경력 손실을 보상하기 위한 양육지원대책이 마련돼 연금수령액 격차를 28%까지 줄였다. 그렇지만 이는 충분하지 않은 수치로 무엇보다 불평등의 원인을 근본적으로 해결하지 못한다. 더욱 심각한 점은 여성을 위한 대책이 결국 여성을 엄마 역할에만 국한하는 것이다. 게다가 어떤 대책은 사회활동을 중단해야만 혜택을 볼 수 있다. 이런 필요조건은

〈향수〉, 2018

여성으로 하여금 일자리에서 물러나게 만들며, 경력은 물론 연금수령액 산출에 부정적 영향을 미친다. 이런 식으로는 성을 기준으로 한 역할 분배가 사라질 수 없다. 여성은 자신의 직접적인 권리를 해치면서 스스로에게 부수적 권리만 부여하게 된다.

여성에게 불합리한 연금 수령 제도

육아와 양육만이 여성의 연금수령액에 영향을 미치는 것은 아니다. 아이가 없는 여성도 동일한 조건의 남성에 비해 연금액이 19%나 적기 때문이다.(4) 간과하기 어려운 이 수치는 쉽게 드러나지도 않는다. 물론 세월이 흐르면서 여성이 사회에 참여하는 비율이 높아지고 능력을 인정받을 기회가 많아지면서 차별도 많이 줄었다. 그렇지만 그동안 이루어진 연금개혁은 이런 역사적 흐름을 거스르고 있으며, 그 여파도 사라지지 않고 있다.

연금을 수령하기 전까지 납부 기간이 주기적으로 연장되는 상황도 경력이 짧은 사람에게 더욱 불리하다. 노동 기간이 적을 경우 감액하는 방식도 남성보다 여성에게 불리하다(2008년 퇴직한 사람 중 여성은 9%, 남성은 6%).(5) 급여가 높은 10년 대신 25년을 고려해 연금수령 총액을 결정하는 방식도 은퇴 시점의 연금수령액을 눈에 띄게 줄어들게 했다. 일한 기간이 짧은 사람이 훨씬 많이 줄었음은 말할 것도 없다. 아이를 양육한 여성에게 제공되는 보험기간가산제도(MDA)는 2003년 공공분야에서 큰 폭으로(아이 한 명당 1년에서 6개월) 축소됐으며, 2009년 민간 분야에서도 소폭(아이 한 명당 2년에서 1년, 두 번째 해는 부부 선택에 따라 남성이나 여성 한 명만 사용할 수 있다) 축소됐다. 이로 인해 여성공무원들의 유효 노동기간이 상당수 소멸했으나, 이 사실은 잘 알려지지 않았다.

1993년 평균임금이 아닌 물가와 연동된 연금산정제가 도입됨에 따라 연금생활자의 생활수준은 급여생활자의 생활수준보다 악화했고 특히 노령층에서 연금생활자의 생활이 더욱 힘들어졌다. 2013년 총리에게 제출한 보고서의 저자 야닉 모로가 입증한 것처럼, 재평가 기준으로 인한 파장은 20년, 30년, 40년간 퇴직연금에 크게 작용할 것이다. 이를 설명하기 위해 어떤 표현을 써야 할지 모르겠다. 사실 연금생활자의 빈곤율은 2004년 8.5%에서 2010년 10.2%로 증가했으며, '이 연령층에서 홀로 사는 여성(특히 사별한 경우)이 압도적으로 많다.'(6)

정부가 '이전과는 차별화된' 연금개혁을 통해 연금생활자에게 도움을 줄 것이라고 발표했으나 이는 쉽지 않아 보인다. 아마도 일반사회보장분담금(CSG)을 증액하는 방향으로 진행될 것이다. 지금까지 연금생활자들이 자신들의 이기심 탓에 연금문제를 외면해온 것처럼 취급받거나(7), 연금생활자의 구매력이 계속 저하되는 추세가 과연 '공정성'을 위한 일인지 이해하기 어렵다. 수입에 따른 연금부담금의 비례징수는 수입이 적은 연금생활자에게 더 큰 타격을 입힐 것이다. 그들 중 상당수는 여성이고 생계를 위한 소비에 수입 대부분을 지출하는 사람들이다.

EU 집행위원회의 보고서에 따르면, 프랑스의 연금지급액에 대한 성별 간 불평등 수준은 유럽 29개국 중 6위였다.(8) 지난 5년간 남녀 연금 격차가 10% 증가했으니 상황이 개선될 기미도 보이지 않는다. 집행위원회는 연금 납입 기간을 늘리는 방안을 강구하면서도 그 폐해에 대해 경고하는 모순된 입장을 취하고 있다. 집행위원회는 (아직까지 프랑스에서 활성화되지 못한) 개인연금제도와 노동연수(결국 납입연수) 증가라는 두 가지 조치가 "여성에게 불합리한 영향을 미칠 수 있다"고 지적했다. 후자의 경우 "중기적으로 예상치 못한 파장을 불러일으키고 연금수령액의 감소를 초래할 수도 있다"고 덧붙였다. 그런데 정부는 또다시 납입기간을 연장하겠다고 발표했다.

공적부담 감소, 개인보장 확대가 관건

사실상 지난 20년간 이루어진 연금개혁은 연대를 바탕으로 한 공적연금을 줄이고(9), 개인보장제도를 점진적으로 확대하는 것이 목적이다. 형식적으로는 경력기간에 납입하는 부담금액과 은퇴 후 누적 연금수령액 사이에 균형점을 찾자는 것이지만 기대수명 연장은 납입금 증가나 연금수령액 감소로 이어지며 결국 생산된 부의 재분배는 더욱 힘들어진다. 그럼에도 연금분담금 납입기간이 연장됐고 이미 확인한 바와 같이 경력이 짧은 사람에게 상당히 불리하

그리고 평등

게 연금액 산출을 위한 기간이 25년으로 늘어났다. 또한 양육지원, 전환연금(사망한 배우자의 연금분) 등을 통해 취약층을 지원하는 사회 연대도 많이 취약해졌다.

이런 상황에서 마리솔 투렌 프랑스 보건복지부 장관(프랑수아 올랑드 사회당 정권시 재임)이 "여성에게 실질적 도움이 되는 방향으로 양육지원대책을 개편하겠다"고 밝힌 것은 긍정적이지만, 현실성은 떨어져 보인다. 몇몇 개편되는 내용이 있다고 하더라도 연금수령액을 감액하는 것은 해법이 아니기 때문이다. 자녀가 셋 이상인 부모에게 연금수령액의 10% 추가 지원하는 제도도 재정 부담(60억 유로)이 더해지지만, 여러모로 불합리한 제도이다. 지원금이 연금수령액에 대한 비율로 산출되기 때문에 양육으로 경력 손실을 겪는 여성보다도 남성에게 지급되는 지원금이 더 많다. 지원금은 비례제이기 때문에 연금수령액이 많을수록 유리하다. 투렌 장관이 편모가정에 지원을 강화하는 방향으로 개편하려고 하지만, 남성에게 성차별에 대한 EU법에 적극적으로 참여하도록 독려하기는커녕 오히려 이를 위반하는 방향으로 흘러갈 것이다.

가부장적 가족 모델 벗어난 사회보장 추구

근본적으로 이 대책은 '엄마'로 국한된 여성의 사회적 역할을 영속시킨다. 평등을 원칙으로 하는 일관된 정책이라면 가부장적 가족 모델에서 벗어난 사회보장 시스템을 추구해야 한다. 이는 여성의 연금에 대한 부수적 권리를 확대하려는 것이 아니라 직접적 권리를 강화해야 한다는 말이다.

결혼하는 사람들이 줄면서 기혼자나 사별한 사람들이 연금생활자 중에 차지하는 비중이 더 이상 과반수가 되지 않을 것이라는 점에서도 올바른 정책이 더욱 절실하다. 전환연금의 혜택을 거의 혹은 전혀 보지 못하는 독신, 즉 이혼하거나 별거한 사람 수가 훨씬 더 많아질 것이고, 그중에서도 여성 비중이 더 많을 것이다. 연금에 대한 직접적인 권리만이 여성의 독립성을 보장할 수 있다.

직업적인 차별을 없애고, 아버지도 가사에 동등하게 참여하도록 지원하며, 보육시설을 확대하는 정책을 마련해야 한다. 공공정책원의 보고서에 따르면, 주어진 예산으로 여성의 경력 손실을 보상하는 것보다 어린아이를 돌봐주는 것이 더 효율적이라고 한다.(10) 양육지원대책이 지속돼, 점차 확산되면 공공정책의 효과가 나타나 보상할 경력손실보상액이 줄어들게 될 것이다.

그러나 그전에 퇴직연금에 대한 여성의 직접적인 권리를 강화하기 위해서는 이를 방해하던 과거 조치를 손질해야 한다.(11) 게다가 짧은 경력을 가진 사람들이 더 이상 불리하지 않도록 평균임금을 산정하는데 고려하는 연수를 절대적이 아닌 상대적 방식, 예를 들어 납입한 연수의 4분의 1 등의 적용을 고려해봄직하다. 40년 일한 사람은 가장 높은 수준의 급여를 받은 10년을 고려한다면 20년 일한 사람은 가장 높은 수준의 급여를 받은 5년을 고려하는 식으로 말이다. 계약직으로 일한 사람은 이런 고용 형태로 이득을 보는 회사 측에서 납입금을 추가로 부담해야 한다. 여성의 경제활동참여율이 남성 수준으로 높아진다면(현재 10%p 이상 차이 난다) 연금기금 마련은 물론, 여성의 연금에 대한 직접적인 권리 또한 큰 폭으로 개선됨을 잊어서는 안 된다.

글 · 크리스티안 마르티 Christiane Marty

(1) 'Les retraités et les retraites(2013은퇴자와 2013년 퇴직연금)', direction de la recherche, des tudes, de l'évaluation et des statistiques(DREES)(연구정보수집평가통계국), Paris.
(2) 짧은 경력과 낮은 임금은 떼려야 뗄 수 없는 관계이다.
(3) 'Douzième rapport du Conseil d'orientation des retraites(퇴직연금정책결정위원회 제12차 보고서)', Paris, 2013년 1월 22일.
(4) 'The gender gap in pension in the EU', Commission européenne(유럽연합집행위원회), Bruxelles, 2013년 7월.
(5) 'Les retraités et les retraites, 2013(은퇴자와 2013년 퇴직연금)', op. cit.
(6) Yannick Moreau, 'Nos retraites demain: équilibre financier et justice(우리 퇴직연금의 미래: 재정균형과 정의)', La Documentation française, Paris, 2013년 6월.
(7) Antoine Rémond, 'Et maintenant, faire payer la crise aux retraités(은퇴연금 비연동화, 마지막 터부)', 〈르몽드 디플로마티크〉 프랑스어판 2013년 6월호 · 한국어판 2013년 9월호.
(8) 'The gender gap in pension in the EU', op. cit.
(9) 재분배제도는 경제활동인구의 납입금으로 연금을 지급하는 방식이다.
(10) 'Réformer le système de retraite, les droits familiaux et conjugaux(연금제도 개혁: 가족의 권리와 부부의 권리)', Institut des politiques publiques(공공정책원), Paris, 2013년 6월.
(11) 각종 수치와 자금 조달 방안은 Retraites, l'alternative cachée(연금제도: 숨겨진 대안), Attac(국제금융관세연대), Fondation Copernic(코페르니쿠스재단), Syllepse, Paris, 2013) 참조.

그리고 평등

동지애적 사랑?

1923년 러시아 여성 혁명가 알렉산드라 콜론
타이가 쓴 '젊은 노동자들 보내는 서신'(1)을
읽어 보면 독점적 사랑의 폐지를 꾀한 그녀의
계획은 실패했음을 확인할 수 있다. 결혼, 사실
혼, 재혼 등 다양한 형태의 '부부 생활'은 끈질
긴 생명력을 입증했다. 최초의 여성 외교관 콜
론타이는 자유로운 사랑이라는 새로운 감정이
공산주의 건설에 기여하길 꿈꿨다. 그녀는 개
인의 성적 자유가 집단의 대의에 기여해야 한
다고 주장했다. 조금은 억압적인 주장이다.

〈러시아 여성혁명가 알렉산드라 콜론타이〉

(내전이 한창이던) 이 시절, 남녀 관계가 다른
방식으로 전개될 수 없었던 것은 사실이다. 남
녀의 결합은 확고하게 검증된 동지애적 감정과
내전이라는 심각한 상황 속에서 더 깊어진 오
랜 우정에 기초해 유지되었으며, 온전히 생리
적 욕구를 충족시키기 위해 존재했다. 가장 중
요하고 핵심적인 활동인 혁명에 방해받지 않기 위해 남녀 모두 서둘러 이 생리적 욕구를 해결해야 했
다. (...)

하지만 러시아 혁명이 승리하면서 (...) 잠시 뒷전으로 밀려났던 감미로운 '날개 달린 에로스(마음과 영
혼을 담은 사랑-역주)'가 다시 권리를 주장하기 시작했다... (...) 놀랍게도 최근 몇 년 사이에, 〈프라우
다(Pravda)〉 사설, 규약서, 보고서밖에 읽지 않던 간부 노동자들이 '날개 달린 에로스'를 찬양하는 문학
소책자를 읽기 시작했다... (...) '동지애적인 사랑'이란 무엇인가? 프롤레타리아가 절대 권력을 쟁취하
기 위한 투쟁이 만들어낸 노동계급의 금욕적인 이데올로기는 잠자리에서 감미롭고 섬세한 '날개 달린

에로스'를 가차 없이 몰아내려 하는가? 절대 그렇지 않다. 노동계급의 이데올로기는 '날개 달린 에로스'를 추방하려는 의도가 없을뿐더러 오히려 사랑이 사회 · 심리적인 동력으로서의 가치로 인정받는 길을 열어준다. (...)

이러한 (사랑의) 감정은 다음과 같은 3가지 기본 원칙에 기초해야 한다. 첫째, (남자는 자만하고 여자는 인격을 상실한 채 노예 상태로 전락하는 사랑이 아니라) 상호 평등을 추구해야 한다. 둘째, 상대방의 마음과 영혼에 대한 독점적인 소유권을 주장하지 않고 다른 사람도 그 사람을 사랑할 권리를 인정해야 한다(소유하고 싶은 감정은 부르주아 문화가 만들고 유지해온 감정이다). 셋째, 사랑하는 사람의 영혼을 경청하고 이해하는 동지애적 감수성을 가져야 한다(부르주아 문화에서는 이 감수성을 여성에게만 요구한다).

(...) 노동계급의 이데올로기는 분명 에로스의 날개에 헌 깃털 대신 지금껏 본 적 없는 강하고, 아름답고, 빛나는, 새 깃털을 달아줄 것이다. 이제 키스와 애무뿐만 아니라 공동 투쟁, 통일된 의지, 공동 과업으로도 사랑을 표현하려는 열망이 커지는 것을 (...) 보게 될 것이다.

(1) Alexandra Kollontaï, 『Marxisme et révolution sexuelle, 마르크스주의와 성 혁명』, La Découverte, Paris, 2001.

그리고 평등

〈드레스〉, 2020

무너뜨리기 힘든 '남성 지배권력'에 관해

피에르 부르디외 Pierre Bourdieu

사회학자. 1975년 〈사회과학연구학보〉를 창간하고, 1981~2001년 콜레주 드 프랑스 사회학 교수를 지냈으며,
2002년 71세로 삶을 마감했다. 부르디외는 당대의 사회 문제에 적극적으로 개입한 실천적 지식으로, 전 세계적으로 인정받는
학문적 업적을 남겼다. 부르디외는 기존 역사학적 접근방식을 비판하면서 유럽 · 일본 · 중국 사회에 대한 다양한 예를 통해
권력 형식의 집중 과정을 연구했다. 이어서 그는 법률가 · 전문가 · 관료들이 자신의 출신보다는 학벌을 통해
권위를 구축하는 과정, 즉 '관료적 영역'이 형성되는 과정을 밝혀냈다.

남성 지배는 우리의 무의식 속에 깊이 뿌리 내려 더 이상 의식조차 하지 못하게 됐고, 우리의 예상과 묘하게 어우러져 새삼 문제 삼기도 어려운 존재가 됐다. 당연하게 여기는 것을 해체해보고, 남성은 물론 여성에게도 여전히 실재하는 남성 중심적인 무의식의 구조를 살펴보는 일이 어느 때보다 절실한 시점이다. '영속적 남성성'의 재생산을 담당하는 체제와 제도는 무엇인가? 변화의 힘이 분출되도록 남성 위주의 체제와 제도를 어떻게 약화시킬 것인가?

내가 연구를 통해 논리로 다져지지 않았다면, 이토록 까다로운 주제를 다룰 일은 없었을 것이다.(1) 나는 살면서 우리가 '독사(Doxa)(2)의 역설'이라 일컫는 것에 놀라지 않은 적이 없다. 일방통행로와 출입금지표지판, 의무, 제재로 구성된 세상의 질서 그 자체가 대체로 지켜지며, 더 많은 위반이나 전복, 범죄와 '광기'가 일어나지 않는다는 점에서 말이다(파리의 바스티유광장이나 콩코르드광장에서 자동차가 다니는 모습을 5분만 보면, 이면에 감춰진 수천 개의 의향으로 이루어진 합의가 얼마나 놀라운 것인지 깨달을 수 있다). 역사적인 몇몇 사건을 제외하고는 이미 수립된 질서가 지배 관계, 권리와 특권, 특혜, 부당행위와 더불어 쉽사리 이어지고 있고, 감내하기 어려운 상황도 아주 빈번하게 용납되거나 당연한 것으로 여겨지는 점도 놀라운 일이다.

또한 남성의 지배와 그것이 강요되고 감내 되는 방식에 여전히 순응해버린 사례를 얼마든지 확인할 수 있다.

그리고 평등

"1998년 8월, 사회학자 피에르 부르디외는 '남성 지배'로 인한 지적·정치적 난제를 지적했다. 잔혹한 방식으로 표출된 강간이나 가정폭력에 비해, 남성 지배라는 권력은 여성에게조차 인식되지 못한 채 넘어가는 경우가 대부분이다. 남성 지배 권력을 겉으로 드러내 무너뜨리기란 쉽지 않다."

그것은 피해자에게조차 감지되지 않는 '부드러운 폭력'이라는 점에서 내가 '상징적 폭력'이라 부르는 것과 상통한다. 이 폭력은 대부분 소통과 지각, 좀 더 정확하게 말하자면 몰지각, 인식, 극단적인 경우에는 감정처럼 순수하게 상징적인 경로를 통해 일어난다. 놀라울 정도로 일상적인 이 사회적 관계는 지배하는 자는 물론, 지배되는 자도 인정하고 받아들이는 상징적인 원칙을 명목으로 행해지는 지배 논리, 언어(또는 발음), 생활양식(또는 사고하거나 발화하거나 행동하는 방식), 구별되는 특성(예를 들어 피부색)을 파악하는 절호의 기회를 제공한다. 이때 우선 독사Doxa의 역설적 특징을 검토하고, 동시에 문화적 임의성을 자연스러운 존재로 굳혀버린 체제를 분석해야 한다. 그러려면 우리의 고유한 세계와 세계관에 대해 인류학자적인 관점을 취해 우리가 (잘못) 알고 있는 남성성과 여성성의 차이를 만든 규정, 즉 '노모스(Nomos·소피스트들이 사회, 제도, 도덕, 종교 따위를 자연과 대립시켜 이르던 말-역주)'에 내재한 임의적이고 우발적인 측면과 사회학적 필요성을 파악해야 한다.

버지니아 울프(3)가 여성 차별의 근원을 구시대적 사회의식에서 찾은 것은 우연이 아니다. "우리는 필연적으로 사회를 음모의 소굴로 보게 됐습니다. 그 음모는 일상에서 남자 형제의 의식을 잠식해, 큰소리를 지르며 주먹을 불끈 쥐고 분필로 바닥에 미신적인 경계선을 긋는 유치한 수컷 괴물로 만들고, 그 경계선 안에서 인간들은 인위적으로 분류돼 꼼짝 못 하게 고착됩니다. 야만인처럼 깃털로 장식하고 화려한 금붙이와 자줏빛 벨벳으로 치장한 그들은 그 소굴에서 비의(秘儀)를 이어가고 권력과 지배에서 비롯된 미심쩍은 쾌락을 맛보는 동안, '그의' 여자들인 우리는 그의 사회를 구성하는 어떤 집단에도 속하지 못한 채 집에 갇혀 있어야 합니다."(4)

그녀가 사용한 '미신적인 경계선', '비의' 등 상징적 언어는, 우리 연구자들을 남성 지배의 상징적인 측면을 파악할 수 있는 접근법으로 이끈다. 그러나 울프가 암시했던 계획은 매우 특수한 용법으로만 실행될 수 있다는 점을 지적하고 싶다. 그 계획이란 우리가 알고 있는 양성 간 구분을 낳은 순전히 비의적 작업을 과학적으로 객관화하는 것으로, 다시 말하자면 남성 중심적(5)인 원리에 따라 조직된 사회(프랑스 식민지였던 알제리의 카빌족에 대한 피에르 부르디외의 연구는 이러한 환경에 크게 영향을 받았다-역주)의 객관적 분석을 우리 무의식의 객관적인 고고학, 즉 진정한 사회분석의 수단으로 활용하는 것을 말한다.(6)

이국적인 전통을 통해 우회적으로 접근하는 것은 우리가 고유의 전통과 맺은 기만적 속성의 친밀한 연결고리를 끊기 위해 필요한 일이다. 생물학적 외양, 그리고 생명 현상의 사회화와 사회 현상의 생물학적 해석이 오랫동안 유지돼 신체와 뇌에 미친 실질적 여파가 서로 결합해 인과관계를 전복시키고 자연스럽게 길든 사회 구성(성적인 아비투스로서 '젠더')이 임의로 등장하게 만든다. 이 임의적 구분은 현실의 기본이 되고 때때로 하나의 독립된 연구 주제로서 대두되기도 한다.

이처럼 남성과 여성을 근본적으로 교차점이 없는 두 집단으로 보는 견해만 수용하고, 남성과 여성의 능력이 일치하는 정도와 (생체 구조에서 지능까지) 다양한 분야에서 확인된 차이점 간의 정도 차가 어느 정도인지 파악하지 못하는 심리학자들도 많다. 한층 심각한 문제는 그들이 연구주제를 구성하고 기술할 때, 여러 차례 일상적인 언어에 깃든 '노모스'에 끌려 다닌다는 점이다. "남성이 보다 공격적이고 여성이 보다 소심하다"는 등 언어에 담긴 차별을 가늠하려고 노력하든, 이런 차이를 기술하기 위해 일상적(즉 가치판단적)인 용어를 사용하든 말이다.(7)

한편, 사회 질서 중에서 가장 자연스러운 듯한 성별 구분을 역사적으로 다루는 연구방식은 설사 그것이 사회분석적으로 효용성을 지닌다고 하더라도 고착화된 불변의 결론을 내포할 위험을 갖고 있지 않을까? 또 그럼으로써 '영속적 여성성'의 신화를 응축시키며 양성 간 관계를 공인하며 영구히 존속시킬 우려가 있지 않은가?

그리고 평등

이 지점에서 우리는 '여성 역사' 탐구의 일환으로 연구하려던 소재를 다루는 방식에서 완전한 혁명이 요구되는, 새로운 역설과 마주하게 된다. 양성 간 지배 관계에 자리한 불변 요소들을 변화시키고자, 여성들이 끊임없이 구축하려 노력해왔던 역사적인 제도와 체제를 먼저 연구해야 한다.

지각(知覺)에서의 혁명은 실행, 특히 양성 간 유물론적이고 상징적인 현 역학관계를 변화시킬 전략 구상에 영향을 미치지 않을 수 없다. 이러한 지배관계가 계속되는 원인이 지배관계가 가장 두드러진다 할 수 있는 곳, 즉 일부 페미니스트 담론이 관심을 쏟고 있는 '가족'에 있지 않고, 가장 사적인 부분에까지 지배적 영향을 미치고 주입하는 학교나 정부 같은 기관에 있다 해도, 페미니즘 운동이 개입할 활동영역은 방대하다. 따라서 모든 형태의 지배에 반대하는 정치적 투쟁에서 페미니즘 운동은 독보적이고 확고한 입지를 차지할 것이다.

글 · 피에르 부르디외 Pierre Bourdieu

(1) 실명을 언급해 감사 인사를 전하는 것이 그들에게 누가 될 수도 있기에, 내게 경험담과 자료 및 학술논문과 아이디어를 제공한 모든 이들에게 깊이 감사드린다. 그리고 내 작업이 그들의 신뢰와 기대에 걸맞은 결과를 도출하길 바란다.

(2) Doxa: 당연하고 자명한 것으로 간주돼 이의 제기나 비판의 대상이 되지 않는 사회적 관행이나 믿음의 총체를 말함.

(3) Adeline Virginia Woolf(1882~1941), 영국 출신 소설가이자 이론가. 대표작으로 『댈러웨이 부인』(1925), 『등대로(To the Lighthouse)』(1927), 『올랜도』(1928) 등이 있다.

(4) Adeline Virginia Woolf, 『Three Guineas』, Editions des Femmes, Paris, 1977.

(5) 여성이 아니라 남성을 사물의 중심에 두는 것.

(6) 나는 다음의 책에서 이미 민족학이 세상의 성적인 구분에 적용될 때 특별히 강력한 사회분석의 한 형태가 될 수 있음을 강조했다(Pierre Bourdieu, 『실천감각 (Le sens pratique)』, Minuit, Paris, 1980, pp. 246~247).

(7) 그 중에서도 J.A. Sherman, Sex–Related Cognitive Differences: An Essay on Theory and Evidence, Thomas, Springfield(Illinois), 1978; M.B. Parlee, 'Psychology: review essay', Signs: Journal of Women in Culture and Society, no 1, 1975, pp. 119~138(특히 J.E. Garai와 A. Scheinfeld가 1968년 규명한 남성과 여성의 정신적, 행동적 차이 분석표); M.B. Parlee, 'The Premenstrual syndrome', Psychological Bulletin, 80, 1973, pp. 454~465를 참고.

당신의 귀한 시간 지키는, 우리의 저렴한 시간

프랑수아자비에 드베테르 François-Xavier Devetter

릴 대학교 경제학과 교수. 노동 및 서비스산업에 관심이 많고, 『빗자루에 대해: 가사노동과 가정성의 회복에 관한 시론
(Du balai. Essai sur le ménage à domicile et le retour de la domesticité)』(2011)을 썼다

프랑수아 오른 François Horn

릴 대학교 경제학과 교수. 정치경제학적 관점에서 사회문제를 진단하는 논문을 주로 썼다

한 가정에 고용돼 그 가정만을 위해 일하는 유형의 가사도우미는 걸프만 연안, 아시아 등지에서 쉽게 찾아볼 수 있다. 인도네시아 · 스리랑카 · 필리핀 등의 국가는 여성인력 '수출'을 주력산업으로 삼고 있다. 유럽의 경우 여러 명의 고용주를 둔 노동자가 가사 관리나 아동 · 노인 돌봄 활동을 담당하는데, 자신들의 권익 보호에 큰 어려움을 겪고 있다. 프랑스 정부의 '대인 서비스' 활성화 정책은 편의 제공 서비스와 취약계층을 위한 돌봄 서비스도 구분하지 않는다. 이런 서비스 부문이 남녀 간 불평등뿐만 아니라 사회적 불평등을 바탕으로 발달한다는 점도 간과한다.

2011년 프랑스 극장가에서는 필리프 르게 감독의 〈6층 여인들〉과 세드리크 클라피슈 감독의 〈내 케이크 조각〉 등 가사노동자를 다룬 작품이 유난히 눈에 띄었다. 외젠 라비슈, 조르주 페도 등의 작가들로 대표되는 통속 연극의 전성기 이후 '가정고용인'이라는 캐릭터는 유행에서 멀어진 터였다. 제2차 세계대전이 끝나고 경제부흥기에 접어들면서 과거의 하녀들은 점차 자취를 감추었고, 영화작품들도 이런 사회 · 통계학적 현실을 반영했다. 4인조 중창단 '레 프레르 자크'는 "더 이상 하녀도 부르주아도 없다"고 노래했고, 미국의 경제학자 루이스 알프레드 코저는 가사서비스를 '한물간' 활동으로 보기까지 했다.(1)

그렇지만 '하인들'은 오랫동안 중요한 직업군을 형성해왔다. 1920년대 미국이나 1950년대 그리스 등 다양한 나라에서 여성인력의 3분의 1을 차지할 정도였다. 프랑스에서는 20세기

초 경제활동인구 2천만 명 가운데 약 100만 명이 가정 고용 인력으로 집계됐다. 그러나 수적으로 막대했던 이들의 일은 전통적 의미의 직업이라기보다 임시적 상황으로 간주되면서 열외 취급을 받았다. 이들이 시민의 권리를 쟁취하기까지도 오랜 시간이 걸렸다.(2) 다른 노동자들과 달리 사회적 권리에서 배제됐다. 이런 상황은 비단 프랑스에 국한된 것이 아니라, 많은 국가에서 가사노동자의 권리 인정을 두고 여전히 논의가 진행되고 있다.(3)

열외적 존재였던 100만의 하인들

가정고용인의 지위 개선은 그 수가 줄어들면서 더욱 어렵게 됐다. 적어도 초기에는 수요가 아니라 공급의 감소가 가사노동 부문의 문제였다. 20세기 초만 해도 "하녀들이 갓 구운 빵처럼 팔려나갔다."(4) 지원자들이 희소해지면서 '가정부 문제'가 심각하게 대두됐다. 가정고용인 중 여성의 비율이 증가했고, 시골에서 올라온 하녀도 늘어났다. '베카신(Bécassine)'(5)이 등장한 것도 이때다. 그러다가 제1차 세계대전과 더불어 여성들이 공장에 취업하면서 최초로 급격한 변화가 발생했다. 1929년 경제위기 무렵 가정고용인 수가 늘어나는 듯하더니 전례 없는 감소에 돌입했다. 이런 추세는 1945년 이후 가속화됐다. 그러면서 스페인, 뒤이어 포르투갈에서 온 여성들이 시골 출신 아가씨들을 대체하기 시작했다. 특히 고용주의 가정에 입주한 하녀 유형은 급속도로 사라졌다. 대신 동시에 여러 명에게 고용된 가사도우미가 점차 자리를 잡았다. 마리아 아론도는 이런 환경 변화를 흥미진진하게 들려준 바 있다.(6) 사용자당 가사노동 이용 시간이 줄어들고 고용관계가 약해져 갈수록 비공식적 계약 형태를 취하게 됐다. 한마디로 고용 건수와 신고 건수가 모두 감소했다. 가사노동 부문은 1980년대에 최저 수준을 기록했다. 당시 프랑스의 가사노동자 수는 20만 명을 갓 넘은 것으로 국립통계경제연구소(INSEE)는 집계했다. 그러다가 경제위기와 지속적인 대량실업 사태는 가사노동 부문에 '새로운 기회'가 돼주었다. 한물갔다고 치부되던 활동이 고용 창출원으로 급부상했고, 이를 최대한 이용해야 한다는 인식이 싹텄다. 1990년대 초부터는 각종 지원책이 잇달아 등장했다. 가사

〈블루서머〉, 2021

고용 촉진을 위해 사회분담금과 소득세를 감면해줬을 뿐만 아니라 '서비스고용수표(CES)'(이후 '보편적 서비스고용수표(CESU)'로 확대됨. 가사노동자를 고용할 때 바우처 혹은 은행수표를 사용해 행정 절차 간소화에 기여)를 도입했고, 2005년에는 국립대인서비스청(ANSP)을 설치했다. 이런 정책은 일자리를 창출한다는 명분에 힘입어 쉽게 합의됐다. 정권이 교체되면서도 소득세 감면 한도만 조정됐을 뿐, 가사노동자를 고용하는 이들을 지원해 일자리를 만들거나 투명성을 높이자는 원칙에는 이의가 없었다. 비용이 천정부지로 치솟고 부유층 가정만 혜택을 보는 지원책이라는 점은 문제 삼지 않았다.

경제위기 맞아 새 일자리로 눈길 끌어

유럽집행위원회까지 보편적 서비스고용수표와 같은 제도의 이점을 강조하기 시작했다. 벨기에도 서비스고용 바우처를 도입했는데, 이 바우처는 혜택 폭이 훨씬 넓은 대신 서비스 기관을 통해야 한다는 제약이 있다. 다른 많은 국가들도 지원책을 검토 또는 시범 운영을 넓혀나갔다. 자국의 이주정책을 수정하기도 했는데, 지중해 연안국들의 경우가 대표적이다. 이들은 스페인과 이탈리아처럼 이른바 '우선순위 부문'에 유리한 방향으로 이주를 전개하거나, 그리스처럼 불법노동을 묵인해줬다. 따지고 보면 각기 대응책은 다르지만 핵심이 되는 질문은 모두 같다. 어떻게 하면 싼값에 가사노동을 이용할 수 있느냐는 것이다. 프랑스는 보조금을 지급해 가사서비스 비용을 절반으로 줄였다. 그리스는 알바니아나 우크라이나에서 온 여성들을 활용하고, 이탈리아는 우크라이나와 루마니아, 스페인은 남미 출신자들을 이용해 프랑스에 준하는 성과를 거두고 있다. 과거 미국처럼 유럽에서도 가사서비스 부문의 고용이 다시금 활기를 띠면서 이민이 증가하고 있는데, 특히 이민 여성의 비율이 높아지고 있다. 인도네시아나 필리핀, 우크라이나 등 일부 국가는 여성인력 수출을 주력산업으로까지 육성하려는 듯하다.

가사고용의 부활은 두 가지 본질적 문제와 맞물려 있다. 하나는 정부가 지원하는 서비스의 범위이고, 다른 하나는 제공되는 서비스의 조직화 정도다. 첫 번째는 정부의 재정 지원 혜택이 적용되는 서비스를 규정하는 문제인데, 특히 청소와 돌봄 활동의 구분 여부가 중요하다. '대인서비스'라는 용어 뒤에는 다양한 활동이 숨어 있는데, 크게 두 종류로 나눌 수 있다. 부유층 경제활동가구에서 누리는 편의 제공 서비스(가사관리)와, 아동·노인을 비롯한 취약계층을 위한 도움 제공 서비스(돌봄)가 있다. 실생활에서 두 활동은 비슷해 보인다. 삶의 터전을 관리하고 일상생활을 돕는 데는 분명 겹치는 부분이 있다. 하지만 두 유형의 서비스 수요를 유발하는 원인은 상반된다. 첫 번째 서비스는 허드렛일에서 벗어나기 위해 이용하지만, 두 번째는 자립성을 유지할 수 없기 때문에 필요로 하는 서비스다. 또한 취약계층의 가사서비스 이용은 재정적 수준과 별로 관계가 없는 반면, 편의 제공 서비스 수요는 소득수준이 좌우한다. 부유층 상위 5%에 속하는 경제활동가구 중 약 3분의 1이 유료로 가사도우미를 이용하지만, 중위소득 이하로 버는 가구 중에는 그 비율이 2% 미만이다.(7) 돌봄 서비스 관계자들(노동자, 협회 등)도 일반 가사서비스와의 차이를 알리는 데 힘쓰고 있다. 그럼에도 많은 국가들이 가사관리와 돌봄을 구분하지 않는 정책을 펼치고 있다. 특히 지중해 연안국들이 그러한데, 이들은 남반구(개발도상국) 출신의 간병인, 간호사, 산모·신생아 도우미를 다수 유입시켜 노인 가정에 입주고용을 시킴으로써 국가 복지의 공백을 메우려 한다.

도우미 고용 땐 감세…부자에게 특혜

프랑스도 크게 다르지 않다. 특히 2006년 사회통합 장관의 이름을 딴 일명 '보를로(Borloo) 계획'이라는 대인서비스 발전 전략이 시행되면서 가정에서 이뤄지는 모든 노동 활동은 사회적 사명 여부와 상관없이 동일한 혜택을 누리게 됐다(이때 세금 감면이 세금 공제로 바뀐 것도 노인층보다 경제활동계층에 유리한 조처다. 세금 감면은 납부할 세액만 줄여주지만, 세금 공제는 경제활동인구라면 납부 금액이 없더라도 공제분을 환급해준다). 개혁의 일환으로 탄생한 대인서비스청은 가정에 제공하는 서비스를 '세심한 엄마, 친절한 동료, 성숙한 여성'이 되는 데 필요한 '상품'으로 광고하고 있다. 반면 스칸디나비아 등지의 국가들은 두 종류의 서비스를 확실

그리고 평등

〈성매매 노동조합, 스트라스(Strass)〉

히 구별하려 애쓴다. 이들은 취약 계층을 위한 돌봄 서비스에 공적인 노력을 집중해 전문 인력으로 구성된 상당 규모의 부문으로 육성하는 반면, 편의 제공 서비스는 시장의 자유로운 경쟁 원리에 맡겨 다른 산업 분야와 동일한 법칙을 따르도록 한다. 그러다 보니 가사도우미 고용은 지나치게 비용이 높은 탓에 발달하지 못하고 웬만한 일은 직접 처리하는 현상도 나타난다.

대인서비스에 관한 공공정책을 관통하는 두 번째 문제는 암암리에 행해지는 비공식 고용, 혹은 노동자와 사용자 간 합의로 체결되는 직접고용이 공공기관·협회·기업 등의 관리를 받는 용역대행에 견줘 상대적으로 어떤 위상을 차지하느냐는 것이다. 여기서도 남유럽과 북유럽의 모습은 대조적이다. 비공식 부문이 확대되도록 방치한 지중해 연안국에서는 직접고용이 압도적 비중을 차지하고 있다. 각종 관련 기구가 증가하고 있지만 사용자와 노동자를 쉽게 연결해주는 것이 주된 목적일 뿐, 고용관계 자체에 간섭하려 들지 않는다.

취약계층 돌봄 서비스에 역차별

반대로 북유럽 국가와 프랑스에서는 2005년 이후 가사서비스 용역업체와 협회가 늘어나면서 고용이 좀 더 조직화되고 있다. 이 기관들이 개입한다고 노동자의 고용·노동 조건이 꼭 개선되는 것은 아니지만, 사용자와 노동자는 개인 대 개인이 아닌 공식적 관계를 맺게 된다. 간단히 말해 도우미들이 전문 청소인력과 유사한 지위를 갖게 된다. 미국의 경우 대형 홈 클리닝 체인이 확산하면서 업체 고유의 장비를 갖춘 (이를테면 진공청소기를 짊어진) 작업자들이 팀 단위로 서비스를 제공하고, 면적당 비용을 청구하며, 거의 기업화된 분업 체계를 구축했다. 요컨대 지중해 연안국의 전통적 가사고용 모델과 대조를 이루며 영미권에서는 비즈니스형 모델이, 스칸디나비아 국가에서는 사회사업형 모델이 발달했다.

사회사업형 모델은 대인서비스라고 규정된 광범위한 분야 자체를 거부하고 편의 제공 서비스와 돌봄 서비스를 뚜렷이 구분하려는 반면, 나머지 두 모델은 명백히 사회적 불평등 유지에 일조하고 있다.

정부의 재정 지원을 배제한다면 이 서비스들의 이용 현황은 상당한 소득 격차가 직접 반영될 수밖에 없다. 역사적으로 프랑스의 경우를 살펴보든 각국의 실태를 비교해보든, 가사도우미를 이용하는 가정의 비율은 소득불평등과 상관관계가 있다.(8) 고전적 방식의 경제 분석을 통해서도 이런 '전문성' 논리는 쉽게 드러난다. 즉, '비전문적 여성들의 시간보다 내 여가가 더 가치 있는데 군이 그들의 서비스를 마다할 이유가 있을까?'하는 사고방식이다. 대인서비스가 발달하려면 사용자 가정과 노동자 가정의 소득이 5대 1 비율에 달해야 한다는 연구 결과도 있다. 가사서비스 용역업체들은 '불평등'이라는 필요악을 노골적으로 표현하기도 한다. 미국의 한 대형 용역 체인은 광고에 '당신의 시간은 소중하고 우리의 시간은 저렴합니다'라는 문구를 넣었다. 이처럼 불평등은 부정적으로 여겨지기는커녕 고용 창출의 무기로 인식된다. 부유한 일부가 결국 모든 사람을 이롭게 한다는 신자유주의자들의 '스며들기(Percolation)' 원리에 부합하는 것으로, "누군가의 필요가 다른 누군가에게 일자리가 된다"는 대인서비스청의 주장과도 일맥상통한다.

불평등 기반으로 산업만 번창

부유층에게 여력이 없다면 이들을 금전적으로 보조할 수도 있다. 프랑스가 마련한 정책이 바로 그러하다. 1950년대까지 특별과세 대상이던 가정인력 고용은 이제 오히려 지출 촉진 대상이 됐다. 세금 및 사회분담금 감면 형태로 부유층 가정에 지원된 금액만 50억 유로(경제활동가구 23억 유로, 과세 대상 퇴직가구 29억5천만 유로)가 넘는다. 이는 노인들의 수발·가사 지원을 위해 지급된 개인자립수당의 총액(33억 유로)을 능가한다.

가사고용이 발달하려면 부유층만 있어서는 안 된다. 일자리를 받아들일 빈곤층도 필요하다. 이 점에서도 2005년 이래 프랑스가 추진해온 정책은 일관성이 있다. 핵심은 빈곤층이 저임금노동을 받아들이도록 하는 것이다. 이를 위해 정부는 '능동적 연대소득'(RSA·실업자가 생계유지를 위해 받던 수당보다 낮은 급여의 일자리로 재취업할 때 정부가 차액 보전) 제도를 도입함으로써 빈곤층이 가사고용 부문에서 경제활동에 참여하도록 했다. 이런 조처만으로는 불충분하다 해도 대개 제공되는 일자리가 '합리적'일 경우 수락할 수밖에 없다. 도우미 30여 명이 등록된 한 중개업체 대표가 2008년에 들려준 이야기는 일부 사용자의 생각을 대변한다. "젊은 여성들은 우리 집에 와서 오래 일할 생각이 없어요. 거쳐 가는 직업일 뿐이죠. 하지만 40대 여성들은 이것 말고 할 수 있는 일이 없습니다."

가사노동자를 투명인간으로 취급

가사서비스 발달은 소득불평등을 기반으로 삼을 뿐만 아니라 그 심화에도 한몫한다. 하지만 좀 더 근본적인 '지위'에 따른 불평등이 가사서비스 고유의 사회적 관계에서 중심을 차지한다. 이런 관점에서 가사서비스의 가치를 제고한다는 것은 그 자체가 모순이다. 가사 부문의 일자리는 여성, 이민자 등 피지배 사회계층이 주로 차지한다. 이런 노동은 폐기물 및 배설물과의 연관성 때문에 인도에서는 불가촉천민만 종사하는 등 예로부터 '비천한' 직업으로 여겼고, 다른 비전문직들과 구별되는 상징성이 있다. 이 일자리들은 일종의 유형지(流刑地)를 형성한다.(9) 즉, 종사자들은 대중의 관심에서 벗어나며 이들이 수행하는 일은 제대로 못 했을 때만 티가 난다. 대인서비스청은 마치 귀신이 조종하는 듯 진공청소기와 유리창 세제 스프레이가 저절로 움직이는 모습을 광고캠페인에 담았는데, 이는 가사노동자를 투명인간으로 취급하는 현실의 절정을 보여준다. 유지·관리와 연관된 일자리(가사도우미·청소원·돌보미·룸메이드 등)는 학력이나 경험, 인맥이 없거나 혹은 단지 프랑스 국적이 아니라는 이유로 열악한 처지에 놓인 여성들이 대거 진출하는 분야다.(10) 이탈리아나 스페인보다 규모는 작지만 프랑스에서도 대인서비스부문의 외국 인력 활용 문제는 공식 보고서에 특별히 언급됐을 정도로 중요하다. "보건 및 인적·가사 서비스 직종은 일시적으로라도 더 많은 이민자 인력을 이용할 필요가 있다. 단, 신규 입국자들이 제공되는 일자리에 취업할 조건을 실제로 갖추고 있는 경우에 한한다."(11) 2008년 6월 이민부와 경제부는 가족 재결합 차원에서 프랑스에 입국한 이민자들이 대인서비스청을 통해 대인서비스 직업교육을 받을 수 있도록 하는 협약을 체결했다.(12)

가사 평등 대신 사회적 불평등 조장

이런 정책은 비용이 많이 드는 동시에 불평등을 조장한다. 정작 제공되는 서비스의 질적 향상은 도모하지 않은 채 가사 활동을 상품화 논리에 따라 취급한다. 이런 제도는 조세 혜택을 도입한 초기부터 비판을 받았다. 이미 20여 년 전 앙드레 고르는 가사서비스 부문이 사회서비스를 발전시키기보다 저임금 일자리 창출에 앞장선다며 이를 '3차 반(反)경제 부문'이라 표현하고 그 본질적 불평등성을 지적했다.(13) 그는 이렇게 말했다. "사회가 가사를 분담함으로써 사회 전반적으로 시간을 덜 잡아먹도록 한다는 취지는 이제 온데간데없다. 대신 이 활동들을 매매서비스 형태로 만들어 최대한 많은 사람들을 종사시키고 되도록 많은 시간을 잡아먹

게 하는 것이 관건이 됐다. 따라서 인적 서비스는 점차 증가하는 사회적 불평등, 즉 일부 계층
이 고소득 활동을 독점하면서 나머지 계층을 하인 역할에 묶어두는 상황을 바탕으로 발전할
수밖에 없다."(14)

글 · 프랑수아자비에 드베테르 François-Xavier Devetter
글 · 프랑수아 오른 François Horn

(1) Lewis Alfred Coser, 'Servants: The obsolescence of an occupational role', 〈Social Forces〉, vol.52, n° 1, University of North Carolina Press, 1973년 9월.
(2) 프랑스는 1848년 보통선거에 관한 법을 채택(1793년에는 부결)해 하인들에게 투표권을 부여했으나, 피선거권과 배심원 자격은 인정하지 않았다. Jacqueline Martin-Huan, La Longue Marche des domestiques(가정부들의 대장정), Opera éditions, Nantes, 1997 참조.
(3) 독일과 지중해 연안국들이 대표적이다. Helma Lutz, Migration and Domestic Work, Ashgate, Farnham(Royaume-Uni), 2008 참조.
(4) '가정고용인 일지', Journal des gens de maison(가정고용인 노조 소식지), 파리, 1908년 9월 8일자.
(5) 만화가 조제프 팽숑과 소녀잡지 〈La Semaine de Suzette 라 스멘 드 쉬제트〉의 책임편집자인 자클린 리비에르가 1905년 탄생시킨 만화의 여주인공으로, 리비에르가 고용한 브르타뉴 지방 출신 하녀를 모델로 삼았다.
(6) Maria Arondo, 『Moi, la bonne(나는 하녀)』, Stock, Paris, 1975.
(7) 프랑스 국립통계경제연구소의 2005년 가계예산 실태 조사.
(8) 미국 대도시들의 사례 비교. Ruth Milkman, Ellen Reese et Benita Roth, 'The Macrosociology of Paid Domestic Labor', Work and Occupations, vol.25, n° 4, Thousand Oaks(California), 1998년 11월 참조.
(9) Bridget Anderson, Doing the Dirty Work? The Global Politics of Domestic Labour, ZED Books, London, 2000 참조.
(10) 프랑스 국립통계경제연구소의 고용 실태 조사에 따르면, 프랑스에서 경제활동을 영위하는 모로코 · 알제리 · 튀니지 여성의 40%와 아프리카 여성의 50%가 이 부문에 종사하고 있다.
(11) 전략분석센터 보고서 'Besoins de main-d'œuvre et politique migratoire(인력 수요와 이주 정책)', Paris, 2006년 5월.
(12) François-Xavier Devetter · Florence Jany-Catrice · Thierry Ribault, Les Services à la personne(대인서비스), Repères, La Découverte, Paris, 2009.
(13) André Gorz, 'Pourquoi la société salariale a besoin de nouveaux valets(노동사회에 신종 하인들이 필요한 이유는?)', 〈르몽드 디플로마티크〉 프랑스어판, 1990년 6월호.
(14) André Gorz, 『Métamorphoses du travail. Quête du sens(노동의 변모: 의미의 추구)』, Galilée, Paris, 1988.

페미니즘이 본 가사서비스

모나 숄레 Mona Chollet

〈르몽드 디플로마티크〉 기자. 〈르몽드 디플로마티크〉의 대표적인 페미니즘 전문기자로,
여성들이 곤경에 처한 사회 환경에 관심이 많다. 프랑스의 대표적인 만평 전문지 〈샤를리 에브도〉의 계약직 기자였으나,
2000년 편집 책임자가 팔레스타인들을 야만적인 사람들로 규정지은 편집방향에 항의해 사표를 냈다.
주요 저서로 『리얼리티의 폭군(La Tyrannie de la réalité)』(2006) 등이 있다.

가사도우미나 돌보미의 고용을 논할 때면 언급하지 않을 수 없는 통계가 있다. 경제협력개발기구(OECD)가 29개 회원국을 대상으로 실시한 조사 보고서에 따르면, 여성의 평균 가사 노동 시간이 남성보다 2시간 30분가량 많다고 한다.(1) 이런 격차는 나라별로 편차가 심한데, 여성의 노동시장 참여율이 높을수록 줄어든다. 그러나 이 보고서는 "남성의 무상 노동시간이 가장 높게 나타난 덴마크 남성들조차 여성의 무상 노동시간이 가장 낮은 노르웨이 여성들보다 적은 시간을 무보수 노동에 할애한다"고 밝히고 있다. 많은 국가에서 여성들이 반일제 일자리에 종사(2010년 유럽연합 통계를 보면, 회원국 경제활동 여성 중 32%)하고 장기 육아휴직을 대거 이용한다는 점은, 여성이 가사와 육아에 매여 있는 현실을 보여준다. 이런 남녀 간 불평등은 집요하게 지속돼왔다. 프랑스 국립통계경제연구소(INSEE)의 '생활시간 사용 조사'를 보면, 1984~99년 남성의 가사노동 시간은 불과 8분 증가했다.

"가정의 평화, 평등한 평화는 별개의 문제"

전일제 근무가 정착하면서 고소득 가정들에선 가사 대행을 맡기는 경우가 많아졌다. 프랑스에서 이런 사회모델은 '더 많이 벌기 위해 더 많이 일하라'는 니콜라 사르코지 대통령의 구호에 힘입어 불평등의 골을 심화하고 있다. 덕분에 일부 계층은 자신의 전문성을 이용해 수익을 올릴 수 있는 반면, 나머지 계층은 낮은 임금의 허드렛일을 받아들여야 한다. 여성의 '이중

노동'이 가사 대행의 이유가 될 수 있을까? 1970년대 페미니스트들은 이 문제를 두고 격론을 벌였다. 여성혐오주의자들은 이를 악용하기도 했다. 1908년 좌파 주간지인 〈라시에트 오뵈르〉는 '여성이 투표하게 되면'이라는 제목의 풍자 삽화에서 한 부르주아 여성이 남편에게 "여보, 하녀를 내쫓았어요. 나를 대적하고 사회주의를 지지한대잖아요"라고 말하는 모습을 그린 바 있다.(2) 이런 사고방식은 남편도 아내와 마찬가지로 가사노동자 고용의 책임자이자 수혜자라는 사실을 은근슬쩍 감춘다.

드베테르와 루소는 한 가지 흥미로운 점을 지적한다. 가사도우미를 고용한 프랑스 부부는 그렇지 않은 부부보다 자체적으로 해결하는 가사를 훨씬 더 불평등하게 분담하고 있었다. 후자의 경우 여성과 똑같이 진공청소기로 집안을 청소하는 남성의 비율이 40%인 반면, 전자는 그 비율이 18%에 불과하다. 드베테르와 루소는 "가정의 평화와 평등한 평화는 별개의 문제"라는 의미심장한 주장을 던졌다.(3)

글 · 모나 숄레 Mona Chollet

(1) 'Panorama de la société 2011(2011년 사회 파노라마)', www.oecd.org, 2011년 7월 26일.

(2) Geneviève Fraisse, Service ou servitude. Essai sur les femmes toutes mains(서비스인가, 예속인가: 여성 잡역부들에 관한 시론), 〈Le Bord de l'eau〉, Lormont, 2009에서 재인용.

(3) François-Xavier Devetter · Sandrine Rousseau, 『Du balai. Essai sur le ménage à domicile et le retour de la domesticité(빗자루에 대해: 가사노동과 가정성의 회복에 관한 시론)』, Raison d'Agir, Ivry-sur-Seine, 2011.

페미니즘, 미완의 투쟁

〈귀부인〉, 2021

권력의 도구로 전락한 젠더 이슈

김유라

〈르몽드 디플로마티크〉 한국어판 기자

정은아

〈르몽드 디플로마티크〉 한국어판 인턴 기자. 경제학도지만 평소 예술, 철학, 정치학을 공부하며, 인권에 관심이 많다.

'흉자'와 '스윗 한남'이 거북한 시대

많은 사람들이 불편함을 느낀다. 인터넷 공간에 각종 혐오 발언이 가득하다. 페미니스트가 '쿵쾅'이나, '꼴페미'로 표현되는가 하면, 남성을 조롱하기 위해 'X센치'나 '한남'같은 말들이 쓰인다. 이 불편함은, 이유를 떠나 타인을 비하하는 행위에 거부감을 갖는 인간 본능에 가깝다. 과거엔 지역 간의 갈등이었다면, 이젠 남녀 간의 대립이다.

그러나 어느 누구도 나서서 저지하지 못한다. 거센 인신공격에 직면할 수 있기 때문이다. 특히 남성과 여성이 자신과 다른 이성에 대한 공격을 막아서는 데는 더 큰 위험이 따른다. 남성 진영을 옹호하는 여성은 '흉자', 여성진영을 옹호하는 남성은 '스윗 한남'이라는 비아냥을 들을 수도 있다. 흉자는 '스스로 남성 권력을 지닌 듯 가부장제를 옹호하는 여성'을 이른다. 주로 여성이 다른 여성에게 하는 비하발언이다. '스윗 한남'은 페미니스트 남성을 비하하는 용어로, 역시 남성이 다른 남성을 비하할 때 주로 쓰인다.

윤석열 정권이 맞닥뜨린 가장 민감한 딜레마가 바로 이 '젠더 갈등'일 것이다. 한국리서치가 지난 2월 만 18세 이상 1,000명을 대상으로 실시한 설문조사 결과, '우리사회의 젠더 갈등이 심각하다'라는 응답자는 71%로, 지난해 같은 기간보다 8%p 증가했다. 특히 20대의 90%가 이렇게 대답했다.

경제적으로 성장이 둔화하고 양극화가 심해지면서 청년층에게 돌아갈 파이가 턱없이 작

〈카멜리아〉, 2022

아졌다. 2030세대는 각자도생에 몰두할 수밖에 없다. 바닥 없이 떨어지는 취업률, 천정 없이 오르는 집값, 수십 년 전부터 나아져라 나아져라 염불을 외어도 절대 나아지지 않는 생존 환경… 2022년의 2030은 자기 밥그릇 챙기기에 급급한 수준을 넘어서, 빼앗기지 않기 위해 서로를 위협하는 지경에 이르렀다.

그러나 날로 험악해지는 젠더 갈등을 중재할 세력이 없다. 이는 현실적인 문제로 다가온다. 20대들 간의 대화는 한층 더 피곤해졌다. 서로 아무리 친밀해도, 젠더 문제와 연결될 수 있는 주제는 웬만해선 피해가야만 한다. 상대방이 이성이라면 더욱 그렇다. 가령 갈등의 트리거가 될 수 있는 '남자'나 '여자' 같은 단어 자체가 튀어나오지 않게 조심하는 식이다. 자신이 여러 젠더 문제에 어떤 의견을 가지고 있든, 이 딜레마를 친밀한 친구, 혹은 연인과 이어가는 것은 대단히 민감한 사안이다. 혹시 상대방이 자신을 '꼴페미'나 '한남'이나 '흉자'나 '스윗 한남'이라고 여기면 어쩔 건가. 이견을 극복하지 못해 파멸로 치닫게 될지 모른다.

'빙빙 돌리기'. 이건 결코 쉬운 일이 아니다! 세상이 다 아는 소식을 모르는 척하려면 고도의 연기력을 발휘해야만 한다. 마치 단막극 배우가 된 것 같다. 결혼 건수가 급감하고 출산율이 떨어져 국가적 위기감이 감돌지만, 정작 정부가 출산율 증가에 희망을 거는 2030세대는 지금까지는 상상도 못했던 이성 간 적대적 관계에 직면했다.

이런 상황에서 윤석열 정권이 출범한 것이다. 그러니 이 정권에 "갈등을 봉합해달라", "통합의 리더십을 발휘해달라"며 소위 중재자의 역할을 요구해야 한다. 그러나, 이 정부가 과연 그 역할을 잘 수행할 수 있을까? 국민은 그렇게 기대하고 있을까? 앞선 설문조사 결과, 국민의 약 70%가 양성평등정책 추진에 동의한 것으로 나타났다. 한편, 국민의 약 50%가 새 정부의 양성평등정책 추진력을 우려했다. 20대 여성의 62%와 20대 남성의 43%가 향후 젠더 갈등이 더욱 심화될 것으로 전망한 것이다.

어쩌면 당연한 일이다. 윤석열 대통령은 22대 대선 운동 당시 여성가족부 폐지를 주장한 이준석 국민의힘 당대표와 정치적 동맹을 맺었다. 이 주장의 근간에는 "구조적 성차별은 더 이상 존재하지 않는다"라는 놀라운 믿음이 있다. 그 어떤 선진국도 달성하지 못한 국제사회의 목표, 성차별 타파를 자랑스러운 대한민국이 해냈다는 것인가? 만일 그렇다면, 왜 이 유토피아의 여성들은 임신-출산으로 인한 경력단절에 시달리는가? 왜 앞날 창창한 젊은 남성들이 나라를 지킬 의무를 독박 쓴 채 입대하는가? 눈앞에 형형한 구조적 성차별을 단숨에 없는 셈 치자는 이준석 당대표의 발상은, "성차별이 실재하며 그것을 타파해야 한다"라는, 인류가 여러 세기에 걸쳐 이뤄낸 사회적 합의의 역사를 완전히 무시한 채, 세월을 몇 세기 전으로 되돌리는 것이다. 아, 물론 그런 사고방식을 기반으로 작동하는 사회들도 있기는 하다. 일례로, '탈레반'이 지배하는 아프가니스탄을 들 수 있겠다.

여가부를 인질 삼은 2030 땅따먹기

하튼 윤석열 당시 대선후보는 '그 이준석'을 선택했고, 온라인을 중심으로 갈등은 격화됐다. KBS,MBC,SBS의 20대 대선 출구조사에 따르면 이재명 당시 대선후보의 20대 이하 여성 득표율은 58%를 기록한 반면 윤 대통령의 20대 이하 남성 득표율은 58.7%를 기록했다. 구조적 성차별의 대표적 피해자인 20대 여성진영은 이재명 당시 민주당 대선후보에 쏠렸다. 스스로를 '남성차별'의 피해자로 규정하고 해결 방안을 '여성가족부 폐지'에서 찾은 일부 20대 남성진영은 상대적으로 윤석열 당시 국민의힘 대선후보에 쏠렸다. 특정 정당, 후보자에 대한 지지가 '페미니즘'에 대한 인식이나 입장을 대변하는 듯한 양상을 보였다. 결국 선거결과에 따라 20대 여성과 남성 둘 중 한 진영이 승리하고, 다른 한 쪽은 씁쓸하게 질 수밖에 없었던 것이다. 인구의 약 절반을 패배자로 만드는 이 구도 자체가 위험했다.

이는 어느 진영이 더 정의로운지와 별개로 사회분열과 갈등의 문제다. 이런 상황은 설령 당선된다 하더라도 장기적으로 국정운영에 부담으로 작용할 것이라는 계산이 쉽게 선다. 그럼에도 '여성가족부 폐지'를 놓지 못하고 오히려 전면에 내세운 윤석열 대통령에게는 어떤 의도가 있었는가? 사실상 젠더갈등과 젠더문제 자체를 완화 내지 해결하는 데는 관심이 없었다고 봐도 무방할 것이다. 당장 표를 얻는 데 성공했다면 장땡이 아니었을까. '이준석'이

그리고 평등

라는 카드는 젠더갈등에 대한 심도 있는 고심과 거기서 도출된 해결책이 아니라, 당장 20대 유권자라는 땅따먹기에서 절반을 가져오기 위한 선택이었을 뿐이었다.

그들의 공허한 젠더정책

그래서 윤 대통령이 직접 임명한 김현숙 여가부 장관은 그야말로 혼수상태에 빠졌다. 김 장관은 여가부 폐지가 국민과의 약속이라며 실현 의지를 보이지만, 정작 자신의 인사청문회에서 "구조적 성차별이 없는가"하는 질문에 제대로 답변하지 못했다. 여가부 폐지의 핵심논리조차 긍정할 수 없다면, '국민과의 약속' 또한 공허한 외침이 아닌가?

김 장관은 "여가부가 그동안 너무 피해자·소외계층 중심이었고, 지나치게 이념 지향적·편파적이었다"(1)고 주장했으며, 이런 여가부를 폐지해야 여성차별, 젠더갈등 같은 문제에 더 잘 대응할 수 있다는 역설적인 입장을 취하고 있다. 해서 '여가부는 없어져야 하지만 여가부의 역할은 존속돼야 한다.'는 기이한 유체이탈 화법이 이어진다. 그간의 여가부에 부족한 점이 있다면, 그 부분을 보완해 나아가자는 합리적인 제안이 이어지지만 김 장관은 대화의 여지조차 주지 않는다.

그토록 강경하게 문제 해결에 나선 것 치곤 아직까지 구체적인 여가부 기능 승계안도 없다. 지난 5월 권선동 국민의힘 원내대표는 김 장관의 인사청문회에서 여가부 폐지를 중점적으로 다루는 '정부조직법 개정안'을 발의했다. 해당 개정안의 내용을 보면, 여가부 장관의 소관 업무 중 '여성 권익 증진 등 지위향상'은 법무부, 행정안전부, 고용노동부 등으로 승계되지만 여성정책 기획·조정 업무는 별다른 승계 없이 삭제돼 있다.

당시 양이원영 의원은 "성평등 관련 정책을 조정·기획하는 양성평등정책 기본계획 등의 업무가 다 사라지는 것"이라며 우려의 목소리를 냈다. 또한 "국민의힘 측 의원들도 후보자도 말로는 여성의 구조적 차별 문제를 인정하고 여성의 권익증진 필요성에 동의하신다. 그런데 말이 아니라 이 문제를 구조적으로 어떻게 해결할 것인지를 보여줘야 한다"라고 주장

했다.(2)

여성가족부를 어떻게 해야 할까

성상납 의혹을 정면으로 얻어맞은 이준석 당대표가 재야로 사라지자 국민의힘 당내에선 기다렸다는 듯 공천권을 둘러싼 정쟁이 시작됐다. 이번 정권은 복잡한 이해관계에 따라 이준석 당대표를 버리기로 했지만, 2030 여성 민심과 엿 바꿔먹은 일부 남성 민심도 같이 버릴 수는 없으니, 여가부를 반드시 폐지해야만 하는 상황이 됐다.

그러니 여가부를 폐지하되, "구조적 성차별이 사라졌기 때문"이라는 터무니없는 주장도 함께 공식폐기 해주길 바란다. 그야말로 유엔의 제재를 받을 수준의 인권후퇴라는 사실을, 백 번 양보해서 대통령 후보는 몰라도 대통령은 알아야 한다. 우리나라엔 오히려 구조적 성차별과 다양한 젠더이슈를 전문적으로 다룰 수 있는 새로운 부처가 간절한 실정이다. 인식의 변화로 우리사회에 아직 낯선 이슈들이 수면 위로 떠오르고 있지만 기존의 역량으로 이를 해결하기엔 역부족이다.

여가부는 이중 여성문제를 중점적으로 다루도록 설립됐다. 그러나 굵직한 이슈에 있어서는 약자로서의 여성마저도 대변하지 못하고 기득권의 스탠스를 취했다는 비판을 받았다. 이는 여가부 폐지 주장의 근거가 되기도 했다. 박원순 미투 사건 당시, 직전까지 여가부 장관을 지낸 진선미 민주당 의원은 피해자를 '피해호소인'이라고 칭했다가 뭇매를 받았다. 여가부는 문재인 전대통령이 성폭력 가해자 안희정의 부친상에 조화를 보냈을 때도 침묵했다. 피해자 중 여성이 압도적 다수를 차지하는 성폭력 범죄는 페미니즘이 가장 깊은 관심을 가지고 무겁게 여겨야 하는 사회문제 중 하나인데, 여가부는 세간의 이목이 집중된 상황에서 몸을 사렸다는 비판을 받았다. 일부 음모론에 따르면 여가부는 물밑에서 페미니즘 세력을 북돋아 남성혐오를 양산하는 어둠의 단체라는데, 어째서 이런 오해를 사는 것인지 의아할 지경이다.

그리고 평등

한편 성소수자는 젠더 갈등의 이면에서 사정없이 내쳐졌다. 특히 재작년 연이은 트랜스젠더 이슈를 살펴보면 확실히 알 수 있다. 트랜스젠더 여성의 숙명여대 입학이 저지됐을 때, 변희수 하사가 해임됐을 때 우리 사회에 절실했던 것은 트랜스젠더의 '설 자리'에 대한 사회적 합의와 건설적인 논의였다. 그러나 당시 전개된 건 소수자에 대한 일방적인 혐오와 탄압뿐이었다. 특히 TERF(터프 - 트랜스젠더 배제적 래디컬 페미니즘의 줄임말)진영은 '진정한 여성'을 '생물학적 여성'으로 제한하고, 그 범주에서 벗어나는 트랜스젠더는 '여성의 공간인 여대'를 침범할 수 없다며 목소리를 높였다. 남성-여성의 구도에서 상대적 약자의 위치인 여성들이 시스젠더(3)-트랜스젠더의 구도에서는 강자의 위치를 차지하고 상대방을 억압하는 것이 압권이었다. 이때 여가부는 물론이고 어떤 정부 부처도 갈등을 봉합하지 못했다. 트랜스젠더 여성이라는 소수자는 패배하고, 기득권 전체가 승리했을 뿐이다.

무엇보다 기존의 역량으로 교육의 부재를 메울 수 있는지가 오리무중이다. 온라인 남성 커뮤니티를 중심으로 공유되는 왜곡된 젠더 구조 인식이 성교육 실패의 생생한 현장이다. 가령 각종 여성정책으로 남-녀 차별이 '이미' 철폐됐는데 격렬하게 전개되는 여성 운동이 '여성우월사회'를 형성하고 있으며, 때문에 젊은 남성이 사회적 약자로 전락한다는 인식이다. 여기서 여성정책의 존재 자체가 구조적 성차별의 증거라는 사실은 가려진다. 연결되는 개념 중 하나는 대부분의 남성은 '선량한 일반 남성'이라는 믿음이다. 범죄자, 일베, 기성세대 남성과의 구분짓기를 통해 스스로를 여성혐오나 성차별과는 무관한 '선량한 일반 남성'으로 개념화하고, 그 책임에서 벗어나려는 것이다. "일반 남성을 잠재적 가해자 취급하지 말라"라는 주장은 이런 구분짓기 시도의 대표적인 사례. 그러나 '여성 혐오'는 여성대상 범죄, '김치녀'같은 욕설에 국한되는 것이 아니다. 여성을 성적 대상화하고 동등한 시민으로 인정하지 않는 모든 실천들에 관련된다.(4) 때문에 이 사회의 모두가, 여성조차도 그 책임으로부터 자유롭지 못하다.

뿐만 아니다. 젠더 교육이 부재한 탓에 주요 담론으로 떠오른 지금까지도 여성운동의 토양은 부실하고, 페미니즘의 다양한 목소리가 사회 전반에 제대로 전달되지 않고 있다. 얼핏

'여성을 보호하는 투사'가 돼 '미러링'을 하면서 '억압의 질서(대개 남성을 겨냥한)'에 맞서 싸우는 것 외 여성운동의 다른 실천적 대안이 없는 것처럼 보이기도 한다. 미러링은 여성 억압의 언어를 그대로 모방해 '남성 억압 놀이' 형식으로 재현함으로서 남성 전반에 대한 조롱과 멸시를 전시한다. 앞서 언급한 'X센치', '한남' 등의 비아냥이 그 예시다. 이는 열악한 여성인권 실태를 역설적으로 드러내며, 여성인권에 대한 문제의식을 불러일으키는 일종의 노이즈 마케팅으로 작용한다. 그러나 결국 혐오의 언어를 재생산한다는 태생적 한계를 뛰어넘지 못해 대중의 강한 거부감을 불러일으킬 뿐 아니라 다른 방식의 실질적인 문제 해결 차원의 여성 운동을 가린다.

새로운 컨트롤타워가 젠더문제를 다뤄야

어쩌면 젠더 문제를 다루는 우리 사회가 충분히 성숙하지 못한 것이 당연하다. 2030세대는 사회로부터 남성은 충동적이고 여성은 온순하다는 식의 시대착오적 고정관념을 주입받았다. 이들이 이제 "여성은 임신-출산을 하고 남성은 군대에 간다"라는, 고통의 등가교환이 불가한 상황을 마주했다. 그렇다고 딱히 대안적 합의도 없는, 그야말로 아노미 상태에서 각개전투로 새로운 사회 규범을 주장하며 문제를 해결해야 했던 것이다. 이제는 새로운 방식이 필요하다.

페미니즘의 실천 양상은 단일하지 않고, 그래서도 안 된다. 급진적인 저항 뿐 아니라 대중의 기존인식을 뛰어넘는 포용성도 그 안에서 제시돼야 하며, 그것이 대외적인 액티비즘으로 나아가야 한다. 이는 최소한의 젠더 감수성을 갖춘 시민들의 상호작용 속에서 가능할 것이다. 지금처럼 '구조적 성차별'이 존재 하느니 마느니 하는 합의부터 쌓아올려야 하는 상황은 소모적이고 비용도 크다. 정부는 이제 젠더 이슈를 민간에만 맡겨두거나, 그런 식으로 격화된 갈등을 이용해선 안 된다. 특히 교육의 부문에서, 성차별적 구조 아래 (남·녀의 이분법을 뛰어넘는) 각각의 집단이 어떤 억압에 처해있는지 이해하고 그런 어려움을 철폐하기

그리고 평등

위한 사회적 합의를 이룰 수 있는 시민을 양성해가야 한다. 정책적으로는 각각의 젠더 문제를 섬세하게 다룰 수 있는 전문가 집단이 필요하다.

국민의힘 선대위원장을 맡은 이수정 경기대 범죄심리학 교수는 "여가부 보다는 각각의 정부 부처가 여성문제를 더 잘 해결할 것"(5)이라고 했지만 교육-사회적 합의-정책수립에 걸친 일련의 과정을 각 부처가 따로 국밥처럼 흩어져서 시행할 수 있을지 우려된다. 젠더 문제를 가장 시급한 현안으로 바라보는 건 2030세대인데, 지금 국회와 정부 부처를 차지하고 있는 기성세대가 이에 얼마나 공감할 수 있을까? 결국 동력을 잃고 그 우선순위가 뒤로 밀리게 될 수도 있다.

그러니 기존 여가부의 한계에서 완전히 벗어난 새로운 부처, 젠더 문제를 다루는 컨트롤타워를 요청하고 싶다. '나'와 '너'를 넘어서 우리 모두의 대한민국을 어떻게 만들 것인가? 이젠 그 답을 찾을때다.

글 · 김유라 · 정은아

1) 김연주 기자, '김현숙 여가부 장관 "기계적 여성할당 반대, 군복무 男 보상 늘려야"' 〈조선일보〉 2022년 7월 12일자.

2) 한예섭 기자, '김현숙의 역설 ··· '여가부 폐지'로 여가부 기능을 강화하겠다?' 〈프레시안〉 2022년 5월 12일자.

(3) 생물학적 성과 성 정체성이 일치하는 사람.

(4) 김수아, 이예슬.(2017).온라인 커뮤니티와 남성-약자 서사 구축. 한국여성학, 33(3), 67-107.

(5) 이윤주 기자, '이수정 여성가족부 없어도 각 부처가 여성 정책 훨씬 더 잘할 것' 〈한국일보〉, 2022년 3월 14일자.

한남이 한남에게

안치용

인문학자 겸 영화평론가로 문학 · 정치 · 영화 · 춤 · 신학 등에 관한 글을 쓴다.
ESG연구소장으로 지속가능성과 사회책임을 주제로 활동하며 사회와 소통하고 있다.

여성과 남성을 막론하고 젊은이의 인식에서 페미니즘은 기본값이다. 20대 남녀의 상반된 인식이 자주 언급되지만, 그것 또한 주로 페미니즘에 대한 태도에서 비롯하기에 페미니즘의 현상으로 보아야 한다. 페미니즘 이해 없이는 특정 세대와 대화불능에 직면할 가능성이 크다. 나 또한 페미니즘으로 각성된 사람이어야 하고, 나아가 페미니스트여야 한다는 자세를 갖는다.

돌아가신 내 아버지가 은퇴한 나이를 이미 지난 나는 한국 나이로 50세를 분수령으로 두 번째 유형의 인생을 살고 있다. 두 번째 유형의 삶은, 첫 번째 유형의 삶과 달리 하나의 직업으로 간단히 설명되지 않는다. 대략 두 개의 주제 아래 다양한 활동이 연결되어 수행된다. 그중에는 직무의 성격상 '멘토'로 불리는 활동이 있다. 대상은 대학생이다,

그들에게 사표가 될 만한 인물이라서 '멘토'를 하는 건 아니고 조직의 형태상 불가피하게 해야 하기에 한다. 나는 "기능과 지식 면에서 멘토링하는 것이지 인격이 뛰어나거나 모범적인 인생을 살아서는 아니다"라고 상대하는 대학생들에게 말한다.

이때 인격과 인생을 거론하며 가장 무겁게 검열하는 것은 페미니즘이다. 50대 남성 지식인이 대학생을 멘토링하면서 가장 염두에 둔 것이 페미니즘이란 고백을 기성세대는 이해할 수 있을까.

모임에는 여학생 비중이 압도적으로 높은데, 여대 · 남녀공학을 막론하고 이들의 인식에서 페미니즘은 기본값으로 주어져 있다. 남학생이라고 해서 다르지 않은 게, 페미니즘의 각성을 거치지 못한 사람은 모임의 구성원으로 선발되기 어려울 뿐 아니라 함께 생활하는 데 곤란을 겪는다. 배척하거나 왕따를 시키는 게 아니지만, 구성원 거의 모두가 페미니즘을 공유하고 있

그리고 평등

어서 페미니즘의 이해 없이는 대화에 참여하는 데 애로에 처한다.

이들과 대화하고 소통하고 때로 함께 무엇인가를 만들어내기도 하는, 조직 내 사실상 유일한 기성세대인 나에게도 상황은 동일하다. 그러므로 앞서 언급하였듯, 나 또한 페미니즘으로 각성된 사람이어야 하고, 나아가 페미니스트여야 한다. 따라서 누군가가 나에게 "당신은 페미니스트입니까?"라고 묻는다면, 조심스럽지만 "예"라고 대답할 수밖에 없다.

"당신은 페미니스트냐"고 묻는다면

그럼에도 나는 스스로를 페미니스트라고 선언하는 데까지는 이르지 못한다. 또한 "당신은 페미니스트입니까?"는 질문에 '조심스럽게' 긍정의 답변을 내어놓는 정도의 위축된 태세를 취할 수밖에 없다. 페미니즘을 어느 정도 공부한 사람이라면 이러한 나의 조심스러움을 쉬이 이해할 수 있으리라.

나는 소위 진보적 지식인으로서 스스로 페미니즘의 각성을 거쳤다고 믿지만 동시에 페미니즘의 적인 '아저씨'의 한 사람이다. 내 주변의 많은 아저씨 중에 페미니즘에 관하여 나와 생각을 공유하는 사람은 극소수이다. 예컨대 내 세대에서 어떤 아저씨들은 자신이 페미니스트라고 말하는데, 물론 농담이겠지만, 그 이유는 여자를 좋아하기 때문이란다.

그렇지만 나는 그들과 교류하는 데에 어려움을 겪지 않는다. 계급성이란 단어를 떠올리면, 어떤 사람의 계급성을 판단하는 여러 가지 잣대가 있지만, 주변 사람들 또한 그 잣대가 될 수 있다. 그러한 관점을 페미니즘에 원용하면 나는 페미니스트일 수가 없다.

더 본질적으로는 과거부터 현재까지 이어진 나의 삶이, 내가 구분하듯 말한 주변의 아저씨들과 실제로 달랐냐 하면 "그렇다"고 대답하기 힘들다는 사실이 지적될 것이다. '리버럴'이란 명분으로 또한 '진보적'이란 이름으로 어린 한남으로서 내가 행한 흑역사를 우연찮게 떠올리게 되면 낯이 뜨거워진다. '각성' 이후의 나의 삶 또한 결코 완전한 '결백'을 주장하기 힘들다. '의도'가 없었고 '무심'했다는 전제하에 내가 모르는 한남적 행태가 있었으리라. 아마 가부장

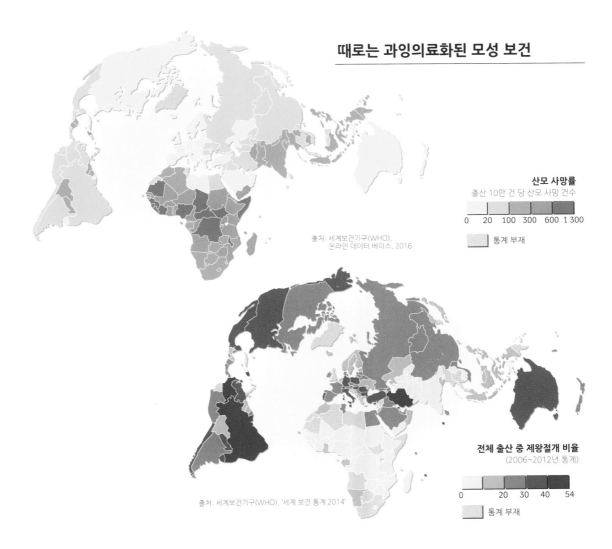

때로는 과잉의료화된 모성 보건

산모 사망률
출산 10만 건 당 산모 사망 건수

| 0 | 20 | 100 | 300 | 600 | 1 300 |

통계 부재

출처: 세계보건기구(WHO),
온라인 데이터 베이스, 2016

전체 출산 중 제왕절개 비율
(2006~2012년 통계)

| 0 | 20 | 30 | 40 | 54 |

통계 부재

출처: 세계보건기구(WHO), '세계 보건 통계 2014'

고령일수록 덜 활발하고 여성일수록 덜 다양한 성생활

프랑스 성생활 실태

응답자가 조사 전 12개월 동안
'빈번히' 혹은 '가끔' 했던 성생활 (단위 %)

남성-여성

	60-69세
	50-59세
	40-49세

구강성교(남성이 여성에게)		구강성교(여성이 남성에게)		포르노 시청		자위		항문 성교		데이트 사이트 접속		스와핑 장소 방문	
40,0	26,0	32,1	22,1	34,9	16,9	20,5	10,1	4,8	3,4	2,4	0,8	2,7	0,8
58,3	49,5	49,5	45,7	46,7	20,8	31,1	14,3	13,3	7,0	4,3	3,5	3,5	1,0
70,6	67,7	61,5	61,6	55,1	21,5	42,4	21,7	18,4	12,5	9,9	6,9	4,5	2,4

출처: 'Contexte de la sexualité en France, 프랑스 국민의 성생활', 2006, 『Atlas des femmes, 여성 백과 사전』, 2006, Autrement, 2015

그리고 평등

제 사회에서 태어나서 남자로 길러지고 남성의 정체성을 갖게 돼 벗어나기 쉽지 않았다는 그런 본원적인, 그렇지만 시답잖은 변명이 가능하리라.

그 성(性)정체성은 일상의 삶에서 불편과 차별을 직접 경험하지 않기에 당사자로서 체험하는 절실한 '계급적 각성'을 자연스럽게 소환하지 못한다. 따라서 사유를 통한 각성이 생각을 바꿔놓을 수는 있지만, 50년 넘게 축적되어 무심결에 분출되는 남성적인 (페미니즘 입장에선 '가해자' 진영의) 행태를 하루아침에 근절시키기는 어렵다. 상투적인 변명이면서 동시에 현실적인 설명이다.

현실적인 한계를 설명하고 상투적인 변명을 늘어놓으면서 적당히 '페미니스트' 장식을 다는 것으로 시대를 모면할 생각은 아니다. (어쩌면 그것으로 모면할 마음인지도 모른다.) 페미니즘은 확고한 시대적 요청이고, 여성이든 남성이든, 젊었든 늙었든 요청에 응답해야 한다. 그것도 올바르게.

정말 조심한다고?

요즘 50대 이상 관리자급 이상의 남성 대부분은 자신이 정말 '조심'하기에 "전혀 문제될 것이 없다"고 말한다. 실상은 반대라는 이야기를 그들의 뒤에서 들으며 나는 나를 돌아본다.

나로선 중년 한남 치고는 그럭저럭 잘해나가고 있다고 생각한다. 과거는? 과거는 과거의 사람들과 할 이야기이지만, 드물게 대학 후배와 대학 시절을 이야기하며 그때 내 모습을 반성한 적이 있다. 지금 그럭저럭 잘해나가고 있다는 이 판단은 주변의 젊은 대학생들의 일부 의견을 참조하여 스스로 내린 것이기에 '참조'에도 불구하고 '참조'의 범위와 진정성의 문제로 오판일 가능성이 상존한다. 참조와 별개로 결정적으로 내 판단 자체가 잘못됐을 수도 있다. 내가 보기에 또 상황을 아는 주변 사람들이 동의하는 명실상부한 '부주의'로 인한 결격도 있다.

아무튼 이것은 내 이야기이고, 요즘 내가 접하는 50대 이상 관리자급 이상의 남성 대부분은 페미니즘과 관련하여 자신이 정말 '조심'하기에 "전혀 문제될 것이 없다"고 말한다. 진실은 대체로 그들의 호언과 반대일 것이다. 어쩌면 '조심'이란 말 자체가 한계를 내포한다. 달라지지 않고 조심하는 것이 문제다. 그 수준으론 사고가 간헐적으로 터질 수밖에 없다.

나는 어찌할 수 없는 중년 한남이지만, 동시에 중년 한남의 행태에서 벗어나고자 하는, 감히 페미니스트라고 말하기는 힘들지만 페미니즘의 충실한 지지자라고 할 수 있다.

아마 "중년 한남 따위의 지지는 필요 없다"고 말할 일부 페미니스트가 있을 것이다. 그러한 단호한 입장의 맥락을 이해하기에 그들의 의견을 반박할 이유가 없다. 다만 당사자로서 페미니스트이든, 비(非)당사자로서 페미니즘 지지자이든, 페미니즘이란 시대정신을 수용하고 표명하며 반(反)페미니즘의 강력한 저항에 맞서는 데 어떤 식으로든 힘을 보태는 것은 양심의 문제이자 진보의 문제이다.

만일 누군가 진보하는 세상을 꿈꾼다면 그 사람은 무엇보다 먼저 페미니스트가 되어야 한다. 중년 한남이란 근본적 한계에도 불구하고, 이 주제에 관심을 두는 이유 역시 세상이 조금 더 나아지길 바라기 때문이다. 점점 더 많은 이의 이익과 자유가 신장하는 것이 진보라고 한다면, 진보하는 세상이라면 당연히 차별과 혐오가 점점 사라져야 하는데, 지금 우리 눈앞에는 혐오와 차별이 만연해 있다. 우리 사회의 이른바 적폐 중 여성차별과 여성혐오의 비중이 너무 크기에 이 문제의 해결 없이 더 나은 세상을 운위한다면 그것은 기만이 되지 싶다. 따라서 여성이든 남성이든, 젊었든 늙었든 페미니즘을 적극적으로 논하고 실천하며 반(反)페미니즘에 맞서는 것은 바람직한 시민행동의 기본 중 기본이다.

한남충과 한남

나무위키에서 한남은 "'한국 남자+충'의 준말"로 "한국 남성 전체를 대상으로 비하하는 속어"라고 밝혔다. 이어 "주로 (래디컬) 페미니즘을 표방하는 여성들이 한국 남자 전반을 비난하기 위해 사용하는 언어로서 한국의 대표적인 남성 혐오 커뮤니티 사이트였던 메갈리아에서 만들어진 용어"라고 기술한다. 줄여서는 '남충' 또는 '한남'이 있다고 한다. '한남충'과 '남충'과 달리 '한남'은 "자신들의 커뮤니티 외부에서도 쓰기 편하게 위장한 줄임말일 뿐 비하성 본질은 어원과 조금도 다르지 않다"고 돼 있다.

어느 자리에서인가 내가 '한남'이란 말을 사용하자 옆에 있던 내 또래 남자가 "그게 무슨 뜻이냐"고 물은 적이 있다. 내가 잠시 시간을 끄는 사이에 동석한 젊은 여성이 서둘러 "한국남자의 줄임말"이라고 답했다. 잠시 고민하다가 나는 "정확히는 '한국남자'가 아니라 '한남충'의 준말"이라고 정정했다.

여기서 '한남' 혹은 '한남충'이란 말이 어떻게 만들어졌고 어떤 변천을 거쳤는지는 굳이 살펴볼 필요는 없지 싶다. '한남'이 '한국남자'의 줄임말이 아니라 '한남충'의 줄임말로 보아야 하며, 사실상 혐오표현으로 보아야 한다는 정도로 정리하면 되지 않을까.

그리하여 '한남'이란 표현을 쓰는 여성이나 남성에게 "혐오표현이므로 사용이 적절치 않다"는 (주로 남성들로부터) 반박이 제기되곤 한다. 일리가 있긴 하다. 모든 종류의 혐오를 혐오해야 하는 시대적 요청을 감안할 때 '한남'이란 용어가 자제되는 게 맞다. 특정한 편견과 불쾌가 포함된 '한남'이 아니라 굳이 써야 한다면 '한국 남자'라는 중립적 표현을 써야 한다.

그러나 외형상 합당해 보이는 이러한 논의가 허전해 보이는 이유는 무엇일까. 개인적 판단으로는 '한국 남자'가 외형상 중립처럼 보이지만 실제로는 편파적인 용어이며 내용상 중립적인 용어는 '한남'이 맞다고 본다. 기호, 기표와 기의(+맥락 혹은 상황)란 용어를 동원하지 않고 단순하게 설명하면, 말은 현실을 반영하는데 대체로 그 반영은 상당한 왜곡을 포함하기 마련이며, 따라서 '한국 남자'의 왜곡 없는 정확한 표현은 '한남'이다.

많은 '한남'의 공분을 살 이러한 주장의 근거는 무엇일까. 일본 제국주의의 지배를 받은 식민지 조선 민중의 입장을 생각해보자. 조선인(朝鮮人)의 일본 식 발음인 '조센징'은 말 그대로는 조선사람이란 뜻이기에 얼핏 혐오나 멸시의 표현이 아닌 것처럼 보인다. 그러나 당시 일부 양심적인 일본인은 그렇지 않았겠지만 아마 적잖은 일본인이 '조센징'을 혐오와 멸시의 의미를 담아 공공연하게 또는 마음속에서 썼을 것이다. 반대로 지배를 받는 조선인들은 일본인을

'쪽바리'라고 불렀을 터이다. '조센징'이란 표현이 양자가 있는 가운데서 사용될 수 있었다면 '쪽바리'란 표현은 조선인끼리만 썼을 것으로 추측할 수 있다.

여기서 짚고 넘어갈 점은 혐오 표현인 두 단어가 처한 맥락이 다르다는 것이다. 사실 '조센징'은 그 자체로는 혐오 표현이 아니지만 종종 혐오의 맥락에 위치하였다고 봐야 한다. 페미니스트가 '한남'이란 말을 쓴다면, 예시하였듯 '한국남자'라고 들리기를 바라지만 '한남충'의 의미일 가능성이 매우 크다.

지금 논의에서는 대비를 위해 '조센징'과 '쪽바리'에 집중해 보자. '조센징'과 '쪽바리' 가운데 전자가 혐오의 표현이라면, 후자는 혐오의 강도가 더 강함에도 혐오보다는 분노의 표현에 해당한다. (과거사 문제가 남아있기는 하지만 국제적으로 대등한 관계인 지금은 당연히 서로를 한국인과 일본인으로 객관적으로 또한 비(非)혐오적으로 불러야 한다.)

'조센징'의 불쾌함은 논외로 하고, '쪽바리'란 표현의 정당함은 식민지 조선 민중에게 너무나 당연해 보인다. 억압받는 조선 민중에게 그 정도 분노의 표현이 허용되지 않는다고 한다면 너무 가혹하다. 식민지배를 받으면서, '조센징'이라 불리면서, 상대방을 "일본인은…"이라고 '교양' 있게 부르는 사람이 무결한 사람일 수 있겠지만 현실의 인물로 느껴지지는 않는다.

내 의견으로는, '한남'은 부적절한 혐오의 표현이라기보다는 온당한 분노의 표현이다. 비유로써 수 천 년을 '조센징'으로 불린 상황에서 이제 조금 '쪽바리'로 불렀다고 해서 '쪽바리'란 말을 한 사람을 혐오자라고 비난할 수 있을까. 오히려 최소한의 존엄추구라고 보는 게 더 타당하다.

시몬 드 보부아르는 『제2의 성』에서 자신에 대해 말하려면 자신이 먼저 여성임을 이야기해야 한다고 말했다. 반대로 남성은 자신이 남성임을 먼저 말하지 않고 인간임을, 어떤 인간임을 말하면 됐다. 보부아르의 말은, 정확하게 일치한다고 할 수는 없지만, 일제 식민지 2등 국민인 '조센징'이 처한 상황과 닮았다.

혐오는 억제되어야 하지만 분노는 표출되어야 한다. '한남' 표현은 수 천 년 적폐인 여성혐오와 차별에 대한 정당한 또는 최소한의 분노의 반영이다. '한남'은 물론 혐오표현이지만 '한

그리고 평등

〈레드 초커〉, 2022 - 전현경

남'에 들어있는 혐오 자체보다, '한남'이 수행하는 여성혐오에 대한 간접적 저항이란 기능이 훨씬 더 크다. 만일 내가 일본 제국주의 식민시대 일본인이었다면, 조선인이 뒤에게 나에게 '쪽바리'라고 욕했다고 해서 그것을 혐오표현으로 받아들이지는 않았을 것 같다.

물론 불편하긴 하였겠지만 주어지면 수용할 수밖에 없는 것이 아니었을까. '일본인'인 내가 '조센징'이란 표현을 쓰는 것은 삼가야겠지만, 어쩌다 '쪽바리'란 말을 듣게 되어도 참아야 한다고 생각했을 법하다. '한남'과 '쪽바리'가 다르지 않다. '한남'이 이론 없는 혐오표현임에도 그 혐오보다, 여성혐오에 대한 간접적 저항의 기능을 더 인정해줘야 하지 않을까.

그럼에도 공식적으로는 '한남'이란 용어가 사용되지 않았으면 한다. 다시 비유로서, 아무리 일제 식민지 시대라 하여도 만일 뭔가 건설적인 논의를 위해 조선인과 일본인이 만나게 된다면 그때 서로를 '쪽바리'와 '조센징'이라고 부를 수는 없지 않은가. 그럼에도, 현실에서 '한남'이 '한남'으로 불리는 상황은 불가피해 보인다. 건설적인 논의를 원치 않거나 그런 논의가 불가능하다고 믿는 사람이 많기도 하고.

남성혐오는 없다?

이제 '한남'이란 표현 자체보다 남성혐오라는 게 존재하는지를 살펴볼 대목이다. 여성혐오의 존재 여부는 논의할 필요조차 없다. 남성혐오 또한 있다고 할 수 있을까. 당연히 남성혐오는 있다. 전해 듣기로, 어느 20대 여성은 지하철에 탑승했을 때 자신의 맞은편에 앉은 중년 남성을 목격하자마자 이유 없이 혐오감이 들었다고 한다. 이 혐오는 생생한 실체다. 그러나 이러한 사적이고 개인적인 혐오가 존재할망정 사회적 차원에서 체계적으로 구조화한 남성혐오가 존재하느냐고 묻는다면 아니라고 답하겠다. 예컨대 탈레반이 아프가니스탄에서 저지른 만행에 근접할 만한 남성혐오를 떠올리지 못하겠다. 탈레반과 비교하지 않더라도, 여성혐오만큼 보편적으로 작동하는 남성혐오는 없다.

여성혐오만 있고 남성혐오는 없다는 견해에, '한남' 표현이 정당하다는 태도에 대해서 만큼

그리고 평등

이나 황당하다는 반응을 표명할 사람이 적지 않겠다. 당장 남성혐오가 확고하게 존재한다는 반론이 가능해 보인다. '한남'이 남성 혐오 표현이 아니면 무엇이냐고, '한남'은 혐오 표현이 아니라 정당한 분노 표현이라는 필자의 주장에 설복되지 않고 반문할 사람이 많으리라. 또는 만일 남성에 대한 분노만 있고 남성혐오가 없다고 한다면 여성혐오도 없는 것 아니냐고 되치기할 가능성이 있다.

여성혐오부터 살펴보자면 그것이 없다고 말하는 건 손바닥으로 하늘을 가리기에 가깝다. 물론 법과 제도상에서 존재하는 성차별은 상당 부분 해소되었다. 그러나 여성해방과 관련한 현재 국면은 그러한 가시적 개선에 힘입어 여성혐오라는 거대한 뿌리에 이제 막 손을 대기 시작했다고 보는 게 올바른 판단이다.

말 그대로 손을 댄 수준에 불과하다. 명시적이지 않은 여전한 많은 차별과 여성에 대한 공공연하고 노골적인 혐오는 엄존한다. 이전 세대와 비교해서, 또 이웃나라인 일본과 비교해서 혹은 아프가니스탄 등 이슬람권과 비교해 한국 여권의 수준이 높은 것이지, 절대적 기준으로 즉 남성과 비교해서 대등하다고 말하기는 무리다.

인간을 수단이 아니라 목적으로 대하라는 칸트식의 의무론적 윤리관을 떠올려 보자. 사실 그 정도로 엄격한 윤리는 현실에서 관철되기 어렵다. 문제는 일관되게 인간을 수단으로 대한다면, 그것은 우리가 많이 하는 말로 인간의 물화(物化)이다. 그런 태도가 DNA에 탑재되었다면 그때를 혐오라고 판단하게 된다.

일베를 비롯한 혐오집단들은 그들이 적대시하는 세력을 공격하며 물화한 언어를 반복해서 사용한다. 짚고 넘어갈 것은 혐오가 분노와는 다르다는 점이다. 인간을 상시적으로 수단화(물화·소외)하는 상황을 가정하면, 수단화하는 것을 혐오라고 하고 수단화되는 사람이 대응하는 것을 분노라고 한다. 또한 그러한 분노에 지지를 표하고 동참하는 것을 시민적 양심이자 인간적 공감이라고 하고, 수단화에 편승해 정치·사회·경제적 이익을 취하는 것을 모리배 기질, 쉬운 말로 양아치다움이라고 한다.

일베가 5·18 광주민주화운동과 관련하여 홍어 운운하며 음식과 관련된 표현을 사용한 것은 명백한 혐오이다. 남성의 성(性)담론에서 여성은 쉽사리 음식화한다. 여성혐오는 대다수 남성과 또 적지 않은 여성의 의식과 무의식에 침투하여 작동하고 있기에 혐오자가 스스로 또 서로, 혐오자임을 자각하고 인식하기가 쉽지 않다.

두 사례가 완전히 동일하다고 할 수는 없다. 여성이 음식 비유가 동원되는 맥락과 상호성에 따라서 때로 혐오 혐의를 벗을 수 있다고 보지만 사회에서 유통되는 광범위하고 많은 양의 성담론이 여성혐오에 해당하기에 소소한 예외가 큰 의미는 없다. 여성혐오는 성담론에서만 발견되는 건 아니다. 범위면에서 성에 국한하지 않고 형태 면에서도 다양하다. 여성혐오와 가부장제 이데올로기는 담론 · 인식 · 행태 · 관행에 깊이 뿌리 내려 여전히 보편적으로 작동한다.

그렇다면 남성혐오가 존재하지 않는 이유가 저절로 밝혀진다. 남성혐오와 모권제 이데올로기가 담론 · 인식 · 행태 · 관행에 깊이 뿌리 내려 보편적으로 작동하며 남성에게 고통을 주고 있는가. 전혀 그렇지 않다. 여성혐오를 여성혐오라고 말하고, 여성혐오에 분노하는 것에 불편해하고 화를 내면서 그것을 남성혐오라고 말하는 것일 뿐이다.

'남성혐오'가 여성혐오의 안티테제라고 하기도 힘들다. 전환을 위한 유의미한 단계에 돌입했다기보다는 여전히 여성은 여성혐오에 대해서만 분노하고 있을 따름이다. 고작 한국 남자를 '한남'이라고 표현하고 있을 뿐이다.

물론 여성혐오를 설명하기 위한 '남성혐오'는 불가피하게 사용된다. 고작 '한남'이지만 '고작'이란 것은 맥락을 통해서만 파악되고 '한남' 자체는 '한남충'의 줄임말로 보아야 하기에 '한남'이 혐오 표현의 하나라는 사실이 부인되지 않는다. 그러나 그렇다고 그것이 남성혐오의 실재를 입증하지는 않는다. '한남'은 있고, 남성혐오는 없다. '한남'은 수 천 년, 아니 그 이상 이어진 여성혐오와 가부장제의 계승자이자 주체다. 여전히, 그리고 앞으로도 문제는 여성혐오다.

글 · 안치용

그리고 평등

〈마니에르 드 부아르〉 한국어판 특별호 발간에 도움을 주신 후원자 여러분께 감사드립니다.

HESPERUS
.
4trees
alice
BeerBohm
Bengi
Cyrus Lee
daytripper
DDYZ
DEM!AN
diaspora
F1
H5K1
Han A
Hare Krishna
Hoon Hildegard
ISOMI
jinbba96
"jiwon
jiwon"
joey
Jun
k나영 850418
lemonmelba
Munkyo Kim
NOMEA
ON
Park JuYeon
Riesling
seong
Sohyun.K
Yeon
강률
강연경
강지혜
곽순득
곽진아
국보승
권도영
기돈
기은서
김나영
김늘리
김다인
김다정
김박동학
김보경
김선
김성민
김성열(사각공간)
김소승
김수정
김슬기
김시우
김여름
김영빈
김윤주
김은수
김중식
김지선
김지웅
김진저
김창영
김채린
김철진 & 유혜경
김태연
김한별
김현율
김현주

김현희

김혜승

김희준

냥만공작소

노동준

다영

도임방주

도토리

따란

라일락

루인

류봉열

메갈라이터 원재

명세연,성원

명준수

모레

모반

문공공

문나래

미어캣

미입력

민균

박다해

박병창

"박보람
"

박소라

박아름

박영진

박유월

박재희

박종래

박주리

박주영

박지욱

박해리

박현준

박혜은

박후추

백영민

백영선

백종길

버섯이된오리펭귄

변동현

변종호

변지현

보람

복동이

봄봄

서세영

서쌍용

서진희

선옥수

성진혁

손원재

송은수

송현곤x은태희

숙구류바

순지

시수경

신소라

신윤호(申斎鎬)

심민호

심현지

안혜영

양태수

오창훈

오화랑

왕명희

〈마니에르 드 부아르〉 후원자들

유태연	임영신	제이와
윤정아	임은혜	조기조
윤정현	임진영	조인영
윤혜	장민호 CedricMJ	조지연
윤혜리	장숙인	조현혁
윤혜민	장형진	주연
은령	전유섭	주은지
이규민	전재윤	지동섭
이민경	전화진	지은
이병선	정길화	진경
이상윤	정나라	집에온수안나옴
이샛별	정다운 Daun Luka Jeong	책방 눈맞추다
이안	정민지	챈
이연재	정보배	촛불아래시집
이예진	정성	최성애
이유라	정성희	최일연
이윤정	정세환	최재혁
이이자희	정수진	최정선
이주영	정영주	최지수
이지민	정지예	탐올리
인문학교육연구소	정채현	태재현
임공주	정혜진	태현
임수영	제외부탁드립니다.	하니

하희정

한연선

한준호

할머

햄버거박사

행복한예술재단

행아

혜맴

현진

홍규영인

홍수민

황균민

황수진

효빈

존경하고 사랑하는 독자님, 안녕하세요.
독자님들의 큰 성원으로 〈마니에르 드 부아르〉 특별호의
텀블벅 후원이 절찬리에 마감되었습니다.
모든 후원자분들께 감사드립니다.

글의 출처

※〈마니에르 드 부아르〉 vol.특별호 '페미니즘, 미완의 투쟁'은 프랑스어판 150호의
  〈Femmes la guerre la plus longue〉를 기본 텍스트로 삼았습니다.

Manière de voir

지금 정기구독을 신청하시면 편리하게
MANIÈRE DE VOIR를 만나실 수 있습니다.

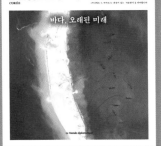

정기구독 문의

① 홈페이지
www.ilemonde.com

② 이메일
info@ilemonde.com

③ 페이스북 · 인스타그램
ilemondekorea
lediplo.kr

④ 전화
02-777-2003

정기구독을 원하시는 분들은 다음사항을 기입해 주십시오.

이름	
주소	
휴대전화	
이메일	
구독기간	vol. 호부터 년간

정기 구독료

1년 65,000원 (72,000원)
2년 122,400원 (144,000원)
(낱권 18,000원 · 연 4회 발행)

입금 계좌번호

신한은행 100-034-216204
예금주 (주)르몽드코리아

*양식을 작성하여 이메일로 보내주세요. 전화로도 신청 · 문의 가능합니다.

Critique M

5월 1호 창간

Le Monde diplomatique

Critique M

2022 Vol.1

예술에 깃든 테크놀로지의 미학

마틴 스코세이지가 말하는 펠리니와의 추억

예술에 깃든 테크놀로지의 미학

Vol.1

예술에 깃든 테크놀로지의 미학
마틴 스코세이지가 말하는 펠리니와의 추억

Critique M

8월 2호 발간

크리티크M 2호

Critique M

2022 Vol.2

저항의 미학과
비평의 시선

저항의 미학과 비평의 시선

Le Monde diplomatique   Manière de voir

Vol.2

저항의 미학과 비평의 시선